Adam Weishaupt

Das Leben Adams nebst einem Gedicht - Der sterbende Adam

Adam Weishaupt

Das Leben Adams nebst einem Gedicht - Der sterbende Adam

ISBN/EAN: 9783743395657

Hergestellt in Europa, USA, Kanada, Australien, Japan

Cover: Foto ©ninafisch / pixelio.de

Weitere Bücher finden Sie auf **www.hansebooks.com**

Das
Leben Adams

nebst

einem Gedicht

von

Herrn Hofrath Weishaupt.

Der

sterbende Adam

an

seine Kinder und Nachkommenschaft.

1790.

Vorbericht.

———

Jeder, der den Titel der gegenwärtigen
Schrift liest, wird sich erinnern, daß
die Teutsche Litteratur in dieser Gattung
von Schriften schon verschiedene zum Theil
sehr schätzbare Werke aufzuweisen hat.
Denn wer kennt nicht den großen Mah-
ler der Natur Geßner, dessen Tod Abels,
nur erst wieder im Jahre 1786 zu Zürch
eine neue Auflage erlebt hat. Auch mit
dem Tode Moses hat uns im Jahre
1785 ein ungenannter Verfasser ein sehr

an-

Vorbericht.

angenehmes Geschenk gemacht; und Weislern hat uns sogar Josephs und seiner Väter Leben in Predigten geliefert. Selbst mein Vaterland ist nicht zurückgeblieben, und Herrn Professor Sailers gesegnete Familie aus der alten Welt; in sechs Predigten über das Buch Tobias. München, 1780; so wie seine sechs Predigten zur Ehre der Fürsehung über alttestamentische Begebenheiten, Augsburg 1782; wie auch die lezthin von Herrn Jann in Augsburg herausgegebene Geschichten aus der göttlichen Schrift, für Predigten auf die sechs Sonntage der heiligen Fasten, sind redende Beweise, daß diese Art von Lektüre auch bey uns befördert werde. — Indessen sind diese Schriften bey allen ihrem innern Werthe doch nicht Jedermanns Lektüre, Geßners Tod Abels und des Ungenannten Tod Moses, sind im poetischen Stil

ab-

Vorbericht.

abgefaßt, und über die Sphäre des ge=
meinen unstudirten Lesers, auch scheinen sie
mehr geschrieben zu seyn, um den Leser
zu unterhalten, als dessen Geist und Fröm=
migkeit Nahrung zu geben. Weilers Werk
aber, das aus sechs Bändchen besteht,
wäre freilich faßlich genug, da es aber zu
voluminös ist, so kann der Bürger und
dürftige Leser es sich nicht anschaffen. Viele
solcher Werke sind auch, weil sie aus pro=
testantischen Federn geflossen, für unser
katholisches Deutschland nicht anpassend.
Sailers und Janns biblische Geschicht=
predigten sind weder in der Schreibart,
noch im Preise zu hoch, und verdienten
also allgemein gelesen zu werden. Sie
sind aber in Predigten abgefaßt, und des=
wegen haben sie, wenigstens hier zu Lande,
so wie viele andere gute Schriften, das
unverdiente Unglück, nur in wenige Hände
zu gerathen. Denn es herrscht bey dem
katholischen gemeinen Leser, dem Bürger

* 3 und

Vorbericht.

und Landmann ein ganz besonderer Ge=
schmack für Geschichte allein, und ein Ge=
genstand erregt nur dann Interesse, wenn
er in historische Erzählung eingekleidet ist.
Ich glaube, daß dieses unter andern da=
her rührt, weil der historische Vortrag
der natürlichste und faßlichste ist, und der
gemeine Leser, ganz und gar nicht mit der
Kunst bekannt, um so lieber der einfachen
Natur folgt; zudem ist er von seinen er=
sten Kinderjahren an so sehr an die Ge=
schichterzählungen gewöhnt und von ihren
einfachen Reizen eingenommen, daß nur
diese einzig einen Eindruck auf seinen ver=
wöhnten Geist zu machen und ihm die
Wahrheit und Sittenlehre angenehm vor=
zustellen vermögend sind. Wenns z. B.
heißt: Schöne Lebensgeschichte des gu=
ten und vernünftigen Bauersmanns
Wendelinus; *) dann wird gewiß solch
eine

*) Schöne Lebensgeschichte des guten und ver=
nünf=

Vorbericht.

eine Schrift zahlreiche Käufer und gierige Leser finden, welche sie schwerlich würde gefunden haben, wenn nicht der Titel eine Geschichte angekündigt und dadurch den Leser angelockt hätte.

Ohngeachtet, wie gesagt, schon viele gelehrte und witzige Schriften dieser Art zum Vorscheine gekommen sind: so glaub ich dennoch durch Ausarbeitung des vorliegenden Werks meine Zeit nicht unnütze verwendet zu haben. Denn wem ist nicht schon der Titel: das Leben Adams, auffallend? In der That, das Leben des ersten Menschen der Welt, des ersten Vaters und des ersten Heiligen näher kennen zu lernen, das Glück und Unglück,

* 4　　　　die

nünftigen Bauersmanns Wendelinus. Ein Lesebuch für das Landvolk von einem Landpfarrer, Augsburg, bey Matthäus sel. Söhnen. 1790.

Vorbericht.

die guten und schlimmen Schicksale des
allgemeinen und gemeinschaftlichen Vaters des Menschengeschlechtes zu lesen,
muß jedem Leser angenehm und interes-
sant seyn.

Es ist auch ausserdem gegenwärtige
Lebensgeschichte in einer Schreibart verfasset, die weder schleppend noch langwei-
lig; weder für den studirten Leser zu nie-
drig, noch für den unstudirten zu erhaben ist. Sie unterscheidet sich aber noch
mehr von andern Schriften dieser Art
durch die moralischen Beobachtungen, welche über jeden einzelnen Gegenstand der
Geschichte nicht nur Licht und Schimmer
verbreiten; sondern zugleich dem Leser die
Mühe ersparen, die Moral erst mühsam
aus der Reihe der Begebenheiten selbst
auszuheben. Uebrigens ist meine Arbeit
nicht durchaus Original, sondern größ-
tentheils nach dem Italiänischen des Herrn
Lore-

Vorbericht.

Loredano bearbeitet. Bekanntlich war Loredano einst nobile zu Venedig, und zu seiner Zeit einer der vortreflichsten Schriftsteller, dessen Schriften die Achtung aller Kenner erhalten haben, so wohl wegen der vielen Gelehrsamkeit, so man darin findet, als auch wegen der Schönheit des Stils und der Gründlichkeit der Begriffe und Gedanken. Daß er auf das gegenwärtige Produkt seines Genies nicht weniger Fleis und Kraft des Geistes verwendet habe, als auf seine andern gelehrten Arbeiten, davon ist unter andern auch schon dieses ein zureichender Beweis, weil es nicht nur in Venedig die achte Auflage durch Valvasense erlebt hat, sondern auch auswärtige Gelehrte gereizt worden sind, es in mehrere Sprachen zu übersetzen. —

Ich kann hier nicht umhin den Leser noch vorher auf verschiedene Züge in ge-

gen-

genwärtigem Werk aufmerkſam zu machen.
Jeder Leſer, dem die Bibel nicht eben ſo
fremde iſt, als ihm der Talmud oder
der Koran ſeyn mag, wird gleich im Anfang bemerken, daß Herr Lorebano, Schritt
vor Schritt denjenigen gefolget iſt, was
der von Gott begeiſterte Geſchichtſchrei-
ber Moſes, von dem Urſprunge und Leben der erſten Menſchen uns aufgezeich-
net hinterlaſſen hat. Indeſſen aber würde ſein Verdienſt lange nicht ſo groß ſeyn
als es würklich iſt, wenn er es blos hie-
bey hätte bewenden laſſen und nicht
auch bedacht geweſen wäre die Geſchichte
mit belehrenden Anmerkungen einer ge-
ſunden und chriſtlichen Moral zu durch-
weben und ſie hiedurch noch mehr zu er-
höhen. Er geht gleichſam auf einer Bahn
einher, die mit Blumen beſtreut iſt, deren
Wohlgerüche die Sinne ergötzen, und der
Geſundheit dienlich ſind. Freylich iſt
nicht zu widerſprechen daß Herr Lorebano
zu-

zuweilen Sätze behauptet, wofür ihm die
heilige Schrift nicht bürgt, und die wir
nicht als historische Wahrheiten annehmen können. Allein Herr Loredano will
uns auch keineswegs zumuthen, solche zu
glauben. Er hat sie wie jeder Kenner der
jüdischen Alterthümer einsieht, aus den
Meynungen der alten Rabinen geschöpft,
welche uns einige Nachrichten über die
Schriften des ersten Geschichtschreibers
der Welt hinterlassen haben. Sie scha-
ben dem Werth des ganzen Werks nicht,
und Nicolo Crasso hat in seinen Anmerkungen über diese Schrift noch immer
Recht, wenn er behauptet, daß Herr
Loredano uns nicht nur die Geschichte
Adams geliefert, sondern uns zugleich
ein Muster vorgelegt habe, wie eine
gute und nützliche Geschichte verfasset
werden müsse.

Noch

Vorbericht.

Noch eins! Ehe ich von meinen Lesern Abschied nehme, muß ich zum Ruhme der Loredanschen Schrift und zur Entschuldigung meiner Arbeit hier erinnern daß es bekanntlich eine Sache von Unmöglichkeit ist, in einer Uebersetzung alle Schönheiten des Originals zu erreichen. Original bleibt immer Original, und Kopie bleibt allemal Kopie. Wenn leztere auch noch so vollkommen gerathen ist; so mangelt doch immer das Leben und die Leichtigkeit die der Original Schriftsteller vor dem voraus hat, der fremde Schönheiten in seine Sprache übertragen soll. Dieses gilt besonders bey der italienischen Sprache, indem es entschieden ist unter den Kennern, daß dieselbe eine der vortreflichsten sey. Hr. Kanonikus Jacobi, sagt unter andern in dem Leben des Torquato Tasso: „Die italienische „Sprache ist eine der schönsten, die je„mals

Vorbericht.

„mals menschliche Zungen gesprochen.
„Die Gedanken und Empfindungen schö-
„ner Seelen lassen sich mit den Wör-
„tern der andern selten so lieblich singen
„und sagen. Der Genius der Zärt-
„lichkeit und Liebe scheint sie gebildet
„zu haben " *)

Doch nun genug: Ich übergebe
nunmehr dem Leser meine Arbeit, und
bitte ihn zugleich, das Leben des ersten
Menschen der Welt, nicht als eine Mo-
delectüre, geschrieben, um müßige Stunden zu erheitern, — zu betrachten, sondern selbes vielmehr mit seiner ganzen
Geistesgegenwart und Aufmerksamkeit zu
lesen. Meine Bemühung wird mir über-
flüßig belohnt seyn, wenn auch nur einige
Erdensöhne, meine Brüder, von diesem
unsern

*) Des Herrn Jacobi Allerley. 8. Frankf.
und Leipzig. 1777.

Vorbericht.

unfern gemeinschäftlichen erften Vater veranlaßt, ihre Pflichten gegen Gott, ihren Mitmenschen und sich selbst zu erlernen und in Ausübung zu bringen, unter Gottes milden Segen, sich werden angelegen seyn lassen.

Leben

Leben Adams.

Lerne hier, Ehrgeitziger, was dein erster Ursprung ist. Wo meynest du, daß jener Pracht und Stolz herkomme, der dir dein Herz aufbläht, und dich so vermessen macht, daß du dich unterwindest, mit der unumschränkten Macht eines Gottes um das Recht zu streiten, Huldigungen anzunehmen? Sie entstehen aus einer verächtlichen Masse der Erde: und du, Wollüstiger, der du dich herabwürdigest, indem du dich zum Idol einer Schönheit machst, so deiner Liebe unwürdig ist, betrachte, wie sehr die Unreinigkeit dich demjenigen verhaßt machet, der dir das Daseyn gab, und der, um dich bewundernswürdiger zu machen, dich aus dem Schooße des Nichts hervorziehen wollte.

Gott hatte, durch seine Allmacht schon den Himmel und die Erde gemachet, nach jenen Ideen,

die er seit der ganzen Ewigkeit davon hatte. Es
waren weder Finsternisse noch Kaos mehr, und die
Elemente, welche so eine Menge von verschiedenen
Eigenschaften stolz machen sollte, nichts destoweniger seiner Hand unterthan, die ihnen das Wesen
gab, vereinigten sich zur Erhaltung eines so wunderbar verfertigten Werkes. Die Sonne und der
Mond verbreiteten über das ganze Weltall das
Licht, das ihnen zugetheilt worden war; die Pflanzen, die Vögel und die Fische hatten alles, was
zur Vollkommenheit ihrer Natur nothwendig war,
von diesem uneingeschränkten Willen empfangen,
welcher durch sich selbst alles wirket, was er nur
will; endlich hatte Gott die Wunder seiner Macht
in der Erschaffung so vieler mannigfaltigen Dinge dargestellt, die nur allein das Werk einer
göttlichen Hand seyn konnten.

Dieser vollkommene Werkmeister, der nur
seine eigenen Augen zu Zeugen des Meisterstückes
hatte, das er machte, konnte die Schönheiten davon nicht betrachten, ohne seinen Händen die Lob-
sprüche zu ertheilen, welche so vortrefliche Werke
verdienten: denn es ist für den Urheber des Welt-
alls nicht ungeziemend, sich selbsten zu loben; er
kann es thun, weil er von Niemanden würdig ge-
lobt werden kann; und Selbstlob ist immer
nur allein in dem Munde dererjenigen ver-
ach-

achtungswürdig, die eine eingeschränkte Tugend
besitzen.

Gott, der sich also in seinem Werke wohlge=
fiel, um nach unsern Begriffen zu reden, begann
nunmehr auf noch größere Dinge zu denken und
gleichsam zu sich selbsten zu sprechen: Wozu dient
nun die Schöpfung der Welt der allmächtigen
Majestät eines Gottes? soll er nur Pflanzen und
vernunftlose Thiere haben, die seiner Herrlichkeit
genießen? Diese Hände, welche sich bisher nur
ergötzten, Dinge zu erschaffen, die die Schönheit
dieses Universums ausmachen, sollen sie nicht grö=
ßere Dinge unternehmen? Ich will mittels einer
unbegreiflichen Macht einen würdigern Gegen=
stand an meiner eigenen Gottheit Theil nehmen
lassen. Es scheint, als ob etwas der Gottheit
meines Wesens mangelte, wenn dieselbe sich nicht
auf eine erhabnere Art mittheilen kann. Lasset
uns zu der Größe Gottes auch die Macht hinzu=
thun, den Geschöpfen einen Theil unserer selbst
mitzutheilen, ohne einen Theil von uns selbst zu
entbehren. Ich würde die Wunder, welche ich
hervorgebracht habe, wenig schätzen, wenn sie nicht
durch Geschöpfe erkannt und verehret würden,
welche einige Stralen von meiner Gottheit in
sich hätten. Es ist nicht genug, daß die Thiere
mich erkennen, daß die Himmeln mir gehorchen,

daß

daß die Natur mich ehrt, und alle geschaffene
Dinge, nach dem Verhältniß der geheimen Kenntniß, mich anbethen, welche sie von meiner göttlichen Natur haben, und die ich einem jeden
durch einen sonderheitlichen Karakter eingedrückt
habe. Gleichwie sie nur vermöge einer blinden Nothwendigkeit wirken, die ihr Vermögen einschränkt;
und die Ehrenbezeugungen, die sie mir erweisen, nicht
freiwillig sind: so sind diese letztern auch von keinem
Verdienste für sie und von wenigem Ruhme für
mich. Ich muß also das Dasepn einem freyen
Wesen schenken, und meine Gottheit einem Dinge mittheilen, das von dem Nichts nur wenig un-
terschieden ist. Dieses Geschöpf, welches über sich
selbst Herr seyn wird; weil es in seinen Wirkungen nur von seinem eigenen Willen abhängt, wird
meine Herrlichkeit vermehren, indem es mir freiwillig dient. Lasset uns also ein Stückchen Erde
mit einer geistigen Forme beleben; lasset uns ihm
den Name und die Sprache geben und wir wollen es unser Ebenbild und unsere Aehnlichkeit an
sich tragen lassen...

Gott hat hier durch das Wort in der
vielfachen Zahl, lasset uns einen Menschen
nach unserm Ebenbilde machen, das allerhöchs-
te Geheimniß der Dreyeinigkeit ausgedrückt: gleichsam als wenn er nothwendig zu seyn erachtet
hätte,

hätte, die drey göttlichen Personen zu Rathe zu ziehen, ehevor er ein Werk unternahm, wo es um die Mittheilung der Gottheit zu thun war, und als wenn er den Menschen nur erst nach einer vollkommenen Berathschlagung bilden wollte: Auch ist der Mensch die einzige aus allen Kreaturen, die dieses göttliche Bild der Dreyeinigkeit in den drey Wirkungen ihrer Seele umherträgt; indem ihr Gedächtniß, ihr Verstand und ihr Wille eine lebhafte Vorstellung davon ist.

Nachdem Gott diese Worte, lasset uns einen Menschen nach unserm Ebenbilde machen, ausgesprochen hatte, bildete er aus dem Leimen der Erde die Figur des Menschen, und nachdem er sie mit dem Odem des Lebens belebt, beschenkte er sie mit einer lebendigen Seele. Er schuff ihn also sich ähnlich, um ihn allen Kreaturen verehrungswürdig zu machen, und um sie zu verbinden, diesem Menschen gerne zu gehorchen, der vermöge einer so ruhmvollen Aehnlichkeit den Charakter der Gottheit trug; oder vielleicht, um ihm zu verstehen zu geben, daß, ob er schon der Herr der Geschöpfe, er dennoch nur der Diener Gottes wäre, den er mit seinem Ebenbilde bekleidet hatte.

- Er hat den Menschen aus Erde gebildet, damit

er

er befto beffer die Allmacht Gottes in feiner
Erfchaffung erkennen follte. Denn, wenn er,
um ihn zu bilden, die Materie der Sonne oder
der Sterne angewendet hätte: fo würde vielleicht diefer Menfch die Geftirne, als den Anfang
feines Wefens, angebetet haben: woferne man
nicht vielmehr fagen möchte, Gott hatte ein fo
großes Verlangen diefes Meifterftück feiner Allmacht hervorzubringen, daß er die nächfte befte
Malerei ergriff, die ihm in die Hände gerieth.

Die Erde, deren Gott fich hiezu bediente,
war roth, oder vielmehr fie ward erft roth, fo bald
er fie berührte, und zwar aus Ehrfurcht, die fie
gegen ihren Meifter trug, zur Befchämung der
Menfchen, die fogar über Lafterthaten nicht roth
werden, welche fie täglich wider feine unumfchränkte
Majeftät begehen. Vielleicht erkiefte er fie auch
von diefer Farbe, um hiedurch dem Menfchen zu
fennen zu geben, daß er ganz Feuer für den Dienft
Gottes und feines Nächften feyn follte; überdiefes,
weil es auch fehr billig war, daß derjenige, der
über das gefammte menfchliche Gefchlecht zu regi-
ren beftimmt war, mit einem Mantel von Purpur
bedecket wäre.

Gott verfchob, den Menfchen zu erfchaffen,
bis auf den fechften Tag, dieweil, indem er in
feia

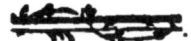

seiner Person einen Inbegriff der Welt zu machen
hatte, er mit Ernste darüber nachdenken wollte,
um sein Werk desto empfehlender zu machen: zu
dem, gab er auch hiedurch zu verstehen, von welcher Wichtigkeit die Schöpfung eines Menschen
wäre, den er mit Glückseligkeit überhäufen sollte,
und wie wichtig es wäre, über die Erhaltung seiner Unschuld nachzudenken, oder die Mittel für
die Verbesserung seiner Unordnungen aufzusuchen
und ihn von seinem Falle aufzuheben: denn die
göttliche Weisheit hatte das Unglück des Menschen voraus gesehen und zu seiner Erlösung Vorsehung gethan, noch ehevor sie ihn schuff.

Der Ehrgeiz ist den Menschen so natürlich,
daß man sagen kann, er sey gleichsam ein fünftes
Element, daß unter die Zusammensetzung seiner
Natur mitgehört; Sieh! warum Gott den ersten
Menschen erst nach den Gestirnen und allen andern Kreaturen geschaffen, damit, wenn er sie
nach ihm gemachet hätte, seine Eitelkeit ihn nicht
beredete, als ob er einigen Antheil an ihrer Erschaffung hätte.

Gott giebt dem Menschen den Namen Adam,
welches eine Zusammensetzung aus Erde, an-
zeiget; um ihn zu erinnern, daß, weil er auf alle
Weise nur Erde ist, er nicht stolz werden sollte

A 4   wegen

wegen des Vorzugs, daß er in ein Paradies von
Wolluſt geſetzt worden iſt, um über alle Kreaturen zu gebiethen und die Freundſchaft ſeines Schöpfers zu beſitzen.

Laſſet uns hier die Güte Gottes bewundern!
Er erſchaffet alles, was dem Menſchen nothwendig iſt, ehevor er den Menſchen ſelbſt geſchaffen
hat; weil er die Abſicht hatte, ihn glücklich zu
machen, und die Glückſeligkeit in dem Genuße
beſteht: die göttliche Fürſehung trägt Sorge, ſeinem Verlangen zuvorzukommen, und will nicht
zulaſſen, daß er mehr etwas wünſchen könne; dieweil derjenige, ſo etwas verlanget, dürftig iſt, und
wer etwas bedarf, nicht glüklich iſt.

Laſſet uns zu dieſem noch hinzuſetzen, daß,
weil die erſtern und letztern Wirkungen gemeiniglich auch vortreflicher ſind; ſo hat Gott den Menſchen, nach allen übrigen Kreaturen, geſchaffen;
weil er die vornehmſte derſelben erſchaffen wollte:
ſo iſt der Himmel das vollkommenſte aus den un-
beſeelten Dingen; weil er das erſte Werk der Allmacht Gottes iſt: und Gott hat den Menſchen
zum letzten aufbehalten, gleichſam als die aller-
vollkommenſte aus allen beſeelten Kreaturen. Und
weil er ſonſt beſtimmt war, über das ganze menſchliche Geſchlecht zu regieren; ſo wars auch ver-
nünf-

nünftig, daß man ihm gleich bey seinem Eintritte
in die Welt Gegenstände bereitet hat, worüber
er seine Regierung ausüben könnte.

Adam hatte beynahe noch nicht die Wirkungen der Gnade seines Schöpfers gefühlt; kaum
hatte er noch die Früchte davon gekostet, als ihn
Gott aus den Gefilde von Damaskus, wo er ihn
gebildet hatte, in das irdische Paradies übersetzte,
damit, indem er der Gärtner und Hüter desselben geworden, er mit Vergnügen die Reize eines
so bezaubernden Ortes, gleichsam als ein erst erworb-
nes Gut, genieße: denn Gott wollte ihn nicht in
Paradiese erschaffen, damit, wenn er niemal einen
andern Ort, als jenen, gesehen, er selben nicht
vielmehr für seinen natürlichen Aufenthalt, als
für ein Geschenke der göttlichen Freygebigkeit, gehalten hätte.

Gott handelte sonder Zweifel deswegen auf diese
Art, damit die Furcht den Besitz des Paradieses zu
verlieren, den Adam desto sorgfältiger und fleißi-
ger machte, seine göttlichen Gebothe zu beobach-
ten; oder um ihm die Gelegenheit zu benehmen,
sich zu beklagen, daß er aus einem Orte verstoßen
worden, von dem er glaubte, daß er ihm vermöge
seiner Geburt zugehört habe: vielleicht auch that
es Gott deßwegen, daß dem Adam desto fertiger

alles dasjenige gehorchte was immer im irdischen
Paradiese war: denn wir ermangeln gemeiniglich
an unserer Pflicht und an unserm Gehorsame,
wenn wir zu sehr das Herkommen derjenigen kennen, denen wir sie zu leisten verbunden sind; und
in der That, wer hätte sich dem Menschen, einen
Geschöpf unterworfen wollen, das aus dem verächt-
lichsten Leimen der Erde gebildet worden war?

Ferner, wollte Gott nicht zugeben, daß Adam
an dem Orte bliebe, wo er war gebildet worden, damit er nicht aus Undank eben diese Erde
mit Füssen trätte, woraus er geschaffen worden
war; oder daß, im Falle er der höchsten Majestät
seines Schöpfers seine Anbethung versagte, er
nicht in die Abgötterey verfiele: denn es ist dem
Menschen natürlich, das anzubethen, was er für
den Urheber seiner Glückseligkeit anerkennt.

Das irdische Paradies war ein Garten voll von
allen Arten der Wollüste, reich an Blumen des
Frühlinges und an Früchten des Herbstes, die
um den Ruhm zu streiten schinnen, ihn nur desto
angenehmer zu machen. Es war ein Werk, das
neuerdings aus den Händen Gottes gekommen;
und es ist sich nicht zu verwundern, wenn die
Pflanzen darinne solche Eigenschaften behielten,
die jenen entgegen waren, welche durch Menschen-
hände

bände angebaut werden. Ein so wollustreicher
Ort war der Strenge der Jahreszeiten nicht
ausgesetzt; weder die Hitze des Sommers, noch die
Reisen des Winters hatten seine Schönheit
entstalten können; alles athmete nur sanfte
Zephire und Wohlgerüche darinnen.

Die gewaltigsten Winde küßten mit Demuth
die Blätter der Bäume dieses wundersamen Gar-
tens. Der Schnee fiel hier ohne Frost, und die
Schloßen ohne etwas zu verwüsten. Mit einem
Worte, die Eigenschaften der Hitz' und Kälte, der
Trockenheit und Feuchtigkeit brachten hier, durch
eine wunderbare Vereinigung, eine gemäßigte
Jahreszeit und eine wollustreiche Fälle hervor.

Da die fette und feuchte Erde hier stets
fruchtbar war; so gab sie mit Ueberfluß alles
das, was zur Nothdurft und zum Vergnügen des
Menschen dienen konnte. Die Luft behielt da eine
beständige Heiterkeit; der Himmel goß hier nur
sanfte und heilsame Einflüße herab; und es war
kein Baum darinnen, der nicht mit Früchten bela-
stet war. Es gehörte zum Ruhme und zur Größe
Gottes, nichts unfruchtbares hervorzubringen; nur
die Sünde war es, welche die Unfruchtbarkeit auch
in das Pflanzenreich übertrug.

Man

Man erblickte in diesem Garten verschiedene Arten von Vögeln, welche durch die Mannigfaltigkeit ihres Gefieders und durch die Süßigkeit ihrer Gesänge die Augen und die Ohren zugleich bezauberten. Die wildesten Thiere, welche hier ihrer natürlichen Grausamkeit, und die vergiftesten Würmer, welche ihres Giftes beraubt waren, lebten ohne Unordnung zusammen und waren für den Menschen nicht schröcklich.

An der allerschönsten Stätte dieses Gartens pflanzte Gott den Baum des Lebens, der alle Bäume an Größe und Schönheit übertraf. Seine Frucht diente dem Menschen nicht allein zur Arzeney; indem sie ihn von allen menschlichen Krankheiten befreyte; sondern hatte noch überdem die Kraft, ihn auch vor dem Tode zu verwahren. Dieser Ursache wegen trug er auch den Name des Baumes des Lebens, weil ihm Gott das Vermögen gab, das Leben des Menschen zu erhalten.

Noch war in diesem reizenden Aufenthalte der Baum der Wissenschaft des Guten und des Bösen, welcher also genannt wurde, nicht als wenn er diese Wissenschaft des Guten und Bösen in sich selbst trüge; sondern weil Gott mittels desselbigen das Gute und das Böse des Menschen offenbaren wollte, indem er seinen Gehorsam prüfte.

prüfte. Vielleicht auch, weil Gott durch diesen
Namen den Menschen schröcken und ihn von diesem Unglücklichem Baume entfernen wollte; indem, da er das Gute schon durch seine eigene Erfahrung kannte, er sich nicht bekümmern sollte,
auch das Böse zu kennen.

Dieser Garten war, nach der gemeinen Meynung, in Eden gelegen, einer morgenländi-
schen Landschaft, unweit von Mesopotamien, oder
in Mesopotamien selbst. Er war, durch einen Fluß
befeuchtet, der sich in vier Arme zertheilte und
den Ganges, den Tiger, den Euphrat und den Nil
bildete. Allein die Wasser der Sündflut richteten
nachher so große Verwüstungen auf dem Erdboden
an, daß sie den Ursprung und das Bette dieser vier
großen Flüße gänzlich veränderten.

Adam war nicht sobald in diesen anmuthi-
gen Aufenthalt hingeführt, mit allen den Kennt-
nissen, womit Gott seine Seele aufgehellt hatte,
da er sich durch die allmächtige Kraft Gottes unsterblich geworden sah, ob er schon von Natur
dem Tode unterworfen war, indem er aus den
vier Elementen zusammengesetzt und folglich den
vier Eigenschaften, die unser Leben zerstören, unterworfen war — sich fähig erblickte, der Herrlichkeit und der Glückseligkeit zu genießen, welche
die

die Gegenwart der göttlichen Majestät hervorbringt — geschaffen zum Lieblinge und beynahe
zum Gesellschafter Gottes und also befreyt von
den Leidenschaften, welche aus unserer sinnlichen
Lust entstehen und die so viel Unordnungen in unsern Seelen verursachen; — sich aufgeklärt sah
von einer eingepflanzten Wissenschaft, die ihm vollkommene Kenntniß von allen Wissenschaften gab,
samt der Kenntniß der Eigenschaften der Pflanzen, der Steine und Thiere, der Natur der Elemente, der Gestirne und des Himmels — endlich
mit dem Zepter in der Hand, als den Herrn des
Paradieses und aller Geschöpfe der Welt sich erblickte — als er wiederholter malen gegen Himmel blickte, mit der Verwunderung, welche die
Kenntniß Gottes selbst ihm verursachte, sich zu
den Füßen seines Schöpfers hinwarf und ihm zu
danken und also zu preisen anfieng.

Herr, ich würde es nicht unternehmen, dir
für so viele Wohlthaten zu danken; ich würde
vielmehr befürchten, durch die Niedrigkeit meiner
Ausdrücke die Größe deiner Gnaden herabzusetzen,
womit du mich überschüttet hast und die mein
Geist nicht begreifen kann. Die Verwunderung
zeuget das Stillschweigen, und je größer sie ist,
destoweniger erlaubt sie die Freiheit zu reden.
Welche Zunge, ob sie schon durch die Hände

Got-

Gottes gebildet ist, würde die Größe Gottes würdig erheben und ihm für alle seine Geschenke danken können? Was für eines Begriffes würde ich mich bedienen können, einem Gotte Dank zu sagen, der mir sogar seine Gottheit mittheilen wollte? Ich darf es also nicht nur allein nicht versuchen, dich zu loben, weil es kein Lob giebt, das den Werth dieser allerhöchsten Macht nicht vermindert, welche dergestalt unbegreiflich ist, daß ein zur Erkänntlichkeit verpflichteter Mund sich unvermögend bekennen muß, ihre Wunder zu offenbaren. Wer es für möglich hält, dich würdig zu loben, kennt dich entweder nicht, oder ist nicht würdig, dich zu kennen. Von dir sagen, o Herr! daß du unendlich größer bist, als die größten Dinge der Welt, ist das höchste Lob, das meine Zunge dir geben kann, und es ist nichts destoweniger auch, das mindeste, das deine Größe empfangen mag: was immer meine Einbildung sich für eine Gewalt anthut, um eigentliche Ausdrücke zu erfinden, dein Lob zu verfassen: so würde ich doch niemal einige finden, welche fähig wären, die Größen auszudrücken, die über alle meine Begriffe gehen. Wenn ich dir, nach dem Verlangen meines Herzens, ein Opfer von meinem Wesen machen würde; so würde ich dir dennoch nichts anders darbringen, als was ohnehin schon dir zugehört; weil ich nichts habe, so ich nicht

von deiner Freigebigkeit empfangen, welche selbst
aus einer unbegreiflichen Güte mir ein Geschenke
mit meiner eigenen Person machen wollte. Ich
opfere dir nichts destoweniger diesen Theil meiner selbst, worüber du mir, aus einer besondern
Gnade, die Oberherrschaft zu ertheilen, dich ge-
würdiget hast: verachte ihn nicht, o Herr, weil
er das Gepräge deines Bildnisses trägt: könnte
ich dir wohl etwas Größeres als das Bildniß
deiner selbst darbringen? Ich kann darüber vermöge eines Vorzuges walten, welchen mir das
Uebermaaß deiner Freigebigkeit zuerkannt hat:
denn ohne diese würde es mir nicht erlaubt seyn,
auch nur allein über die Luft, die ich athme, zu
gebiethen; also, gleichwie ich nur das bin, was
dir gefallen hat, daß ich seyn sollte; so werde ich
auch niemal etwas anders seyn, als was du mir
verordnen wirst, daß ich sey.

Gott neigte nicht ungerne sein Ohr zu dieser Unterredung Adams herab; denn, da er sein
Werk war, so konnte er sich nicht erwehren, ihn
zu lieben, und folglich ihn mit jener Zärtlichkeit
anzuhören, welche ein Vater bey der Stimme
seines Kindes empfindet; es ist demnach wahrscheinlich, daß er ihm also erwiederte.

Adam, ich sehe mit desto größerm Vergnügen
die

die Faſſung deines Herzens, da ich dir um deiner
Zuneigung zu genießen, keine andere Geſetze, als die
deines eigenen Willens, vorſchreiben will; Sieheſt
du dieſe Fiſche, dieſe Vögel und andern Thiere
der Erde? ich habe ſie für dich gemachet; Ich
gebe ſie unter deine Herrſchaft und du magſt
nach deinem Wohlgefallen damit ſchalten. Immer
wirſt du ſie bereit finden, deine Geſetze anzunehmen, und fertig, deine Befehle zu vollziehen,
ohne daß weder die ſchnelle Aufeinanderfolgung
der einen, noch die Grauſamkeit der andern ſie wider deine Gebote rebelliſch machen können. Ertheile jedem derſelben einen ſolchen Namen, wie es dir gefällig ſeyn wird, damit, weil
ſie verbunden ſind, dich für ihren Herrn zu erkennen, ſie dir deſto lieber gehorſamen. Für alle
dieſe ſo vielen Dinge, welche ich für dich erſchaffen wollte, fordere ich nichts anders als eine
bloſe Erkänntlichkeit. Wenn ich dir die Beherr-
ſchung über die Welt ertheile: ſo iſt es wohl billig, daß ich mir die Oberherrſchaft derſelben vor-
behalte, nebſt einem kleinen Tribut, zum Merkmal meiner höchſten Obergewalt und deiner Abhängigkeit. Hüte dich alſo, dieß ſey mein erſter Befehl an dich, von der Frucht des Baumes der Wiſſenſchaft des Guten und des Böſen zu koſten, denn
wenn du davon ißeſt; ſo wirſt du dem Tode unterworfen ſeyn.

B   Gott

Gott nannte zuerſt die Fiſche und nach die=
ſen erſt alle andern Thiere, um die künftigen
Völkerbeherrſcher zu lehren, eine ſonderheitliche
Sorgfalt gegen jene Unterthanen zu tragen, welche
die entferntſten von ihren Perſonen ſind; weil
ſie der Unterdruckung derjenigen mehr ausgeſetzt
ſind, denen die Herrſcher ihre Macht anver=
trauen; oder um ihnen zu verſtehen zu geben, daß
ſie diejenigen inſonderheit in Schutz nehmen ſollen,
welche, wie die Fiſche, nicht einmal die Freiheit
zu reden haben, um ſich zu beklagen.

Gott verbot dem Adam den Genuß der
Frucht des Baumes der Wiſſenſchaft des Guten
und des Böſen, damit er nicht mit Stolz die
Herrſchaft ausübe, die er ihm über andere Ge=
ſchöpfe anvertraute; weil er wollte, daß Adam
zwar herrſchen ſollte, aber nur mit der Einſchrän=
kung, daß er zugleich ſelbſt beherrſchet werde: denn
nichts mäßiget den Stolz der Fürſten mehr, als
wenn ſie ſich ſelbſt den Geſetzen unterworfen
ſehen. Vielleicht verbot Gott auch deswegen dieſe
Frucht dem Adam weil ſie das Vermögen hatte,
dem Menſchen das Elend der menſchlichen Natur
zu kennen zu geben; und weil er ihn von allen
Unruhen, welche die Bedürfniſſe des Lebens be=
gleiten, befreyen wollte, damit er ſich ganz mit
der Sorgfalt für ſeine Seele beſchäftigen könnte.

Gott

Gott wußte wohl, daß Adam ungehorsam seyn würde gegen den Befehl, den er ihm gab, nicht zu essen von der Frucht des Baums der Wissenschaften des Guten und des Bösen. Indessen unterläßt er doch nicht, ihm dieses Verboth zu machen, um uns zu lehren, daß, ob man schon die Gesetze verletzet, sie deswegen dennoch nicht aufhören nothwendig zu seyn. Wie hätte sonst Gott die Größe seiner Barmherzigkeit offenbaren? wie hätte er das Uebermaaß seiner Güte zu erkennen geben? und wie seine Gerechtigkeit zeigen können, wenn er die Sünde des Menschen nicht zugelassen hätte?

Der Tod ist die Strafe, womit Gott dräut, den Ungehorsam Adams zu bestrafen, weil dieser das letzte der Uebel und das Schröcklichste aus allen Dingen ist. Alle andern Uebel und alle andern Strafen haben nur in so weit Bitterkeit, als sie sich dem Tode nähern, welcher der Mittelpunkt ist, wo alle Leiden der Welt zusammentreffen. Die göttliche Majestät konnte dem Menschen auch mit den Strafen der Hölle dräuen; allein sie wollte lieber eine solche Bestrafung erwählen, die man nicht durch die Buße vermeiden konnte, umsomehr, da die Besorgniß eines überaus großen Uebels minder fähig ist zu rühren und den Menschen in Furcht zu setzen, als die gewiße Kenntniß eines geringern.

Gott

Gott ließ in der Folge die Vögel und alle
Thiere der Erde vor das Angesicht Adams kommen, damit sie ihre Namen von dem empfiengen, den seine Weisheit die vollkommene Kenntniß ihrer Naturen mitgetheilt hatte. Dieß that
er, um den Adam, mittels der Vergleichung, die
er nun machen mußte, auf die Erkenntniß zu bringen, wie sehr er seinem Schöpfer verbunden wäre,
daß er ihn so verschieden von den andern Thieren und so erhaben über dieselben gemacht hätte.
Oder aber, Gott wollte hiedurch anzeigen, daß der,
den er über alle Thiere zu regieren geschaffen hatte,
seine Unterthanen erkennen, und diese, sich vor ihm
zu demüthigen, anfangen sollten. Vielleicht auch
ließ er darum zu, daß Adam allen geschaffenen Dingen den Namen ihrer Natur gemäß beylegen sollte,
damit selber hiedurch erkennen lernte, wie groß die
Weisheit wäre, womit er beehrt ward, und künftig
seine Unwissenheit nicht zur Entschuldigung seiner
Sünde vorwenden könnte.

Alle Thiere kamen zu zwey und zwey, ihren Namen zu empfangen und zwar mit jenem Gehorsame, den der Urheber der Natur ihnen eingepflanzt
hatte, und Adam ertheilte, während er auf einem er-
habenen Orte sitzend, sie mit einem majestätsvollem
Antlitze betrachtete, ihnen die Namen, die ihrer
Natur eigen waren und nannte ein jedes einzelnes
Thier

Thier in hebräischer Sprache mit dem Namen,
den sie bis zu der Zertheilung der Sprachen bey-
behalten haben.

Die Fische stellten sich nicht vor Adam, entweder, weil sie nicht außer ihrem Elemente leben
konnten, oder weil sie den Menschen unnütze waren, der sie damals noch nicht zu seiner Nahrung
gebrauchte; oder endlich weil Gott hiedurch zu
verstehen geben wollte, daß die Großen sich in
Zukunft nicht viel um die Armen bekümmern
würden; welche, weil sie sich nicht aus ihren Woh-
nungen begeben können, um ihre Herren zu be-
gleiten, sich nicht im Stande befinden, ihre Befehle zu vollziehen.

Gott erlaubte zwar dem Adam, allen Thieren ihre Namen zu ertheilen; aber er wollte nicht,
daß er sich selbst einen beylegte, um ihm begreiflich
zu machen; daß, gleichwie alle Geschöpfe unter
ihm stünden, weil sie ihm ihre Namen schuldig
wären; er nun auch denjenigen für seinen süverä-
nen Herrn erkennen solle, der ihm den Namen
beylegte, den er trug.

Indessen wußte Gott wohl, daß es für den
Menschen nicht dienlich wäre, alleine zu verbleiben; weil auch die größten Vergnügungen keine

voll-

vollkommene Freude gewähren, wenn wir keine
Person um uns haben, die sie mit uns theilt.
Und da übrigens Gott die Absicht hatte seine höchste Herrlichkeit in Handlungen von Barmherzigkeit durch Vergebung der Sünde zu offenbaren:
so wollte er nicht zulassen, daß der Mensch ohne
einen Mitschuldigen, und ohne hiezu heftig gereizt
worden zu seyn, in das Verbrechen fallen sollte.

Gott wollte also dem Adam mit einer Ge-
sellschafterin versehen, die ihm ähnlich wäre, damit er sie destomehr lieben und ihr desto lieber
beystehen möchte. Daher ließ er ihn, ich weis nicht,
soll ich sagen, in eine Entzückung oder in einen
tiefen Schlaf fallen.

Es war ein Beweis der Güte Gottes
gegen Adam, daß er wollte, er sollte dazumal schla-
fen; indem er wohl mußte, daß er in kurzer Zeit
in der Gesellschaft seines Weibes die Ruhe verlieren würde; vielleicht hieß er ihn auch die Augen schließen, um uns zu unterweisen, er wolle,
daß die Menschen in der Erkenntniß göttlicher
Wirkungen blind verbleiben sollen. Adam, weil er
mit dem prophetischen Geiste begabt war, konnte
auch die Uebel wohl vorsehen, welche die Geburt
Evens dem ganzen menschlichen Geschlechte verursachen würde. Daher reizte ihn Gott vielleicht
zum

zum Schlafe, damit er sich nicht der Schöpfung des Weibes widersetzte. Weilen die Menschen es immer ungerne geschehen lassen, daß man ihnen etwas, so ihnen zugehört, raube, wenn es auch wirklich zu ihrem Vortheile wäre: so nimmt Gott in Geheim, während des Schlafes Adam, das was selber ihm vielleicht nicht mit Willen würde zugestanden haben.

Während nun Adam, begraben in der Süße der Ruhe, angenehme Träume genoß, in denen die göttliche Weisheit ihm die verborgensten Geheimnisse künftiger Jahrhunderte eröfnete, nahm ihm Gott, dessen Macht unbeschränkt ist, ohne ihn aufzuwecken und mit der größten Schonung, die man sich nur immer vorstellen kann, eine Rippe weg, woraus er die Eve bildete, und füllte das Leere der Seite, woraus er sie geholet hatte, mit Fleische aus.

Gott bildete das Weib aus dem Fleische des Mannes, um die Vereinigung und Liebe anzudeuten, welche sich in der Ehe einfinden muß; oder um das Weib zu erinnern, daß sie dem Manne gehorsam seyn soll, indem sie ihn für die Ursache ihres Daseyns erkennt. — Auch holte er den Stoff, woraus er Even machte, deswegen gerade aus Adams linker Seite, um anzuzei-

gen, daß das Weib das Herz und nicht das Haupt des Mannes seyn sollte.

Gott ist ein so vortreflicher Werkmeister, daß nichts, was nicht vollkommen ist, aus seinen Händen kommen kann. Da nun Gott in der Person des Weibes ein mit vielen Unvollkommenheiten begleitetes Werk zu machen hatte, so mußte sie sonder Zweifel deswegen aus einem Theil des Mannes gebildet worden, damit dasjenige, so unvollkommen in ihr seyn würde, von dem Menschen, und nicht von Gott herkomme.

Alleine wo kömmt es her, daß Gott, der den Mann auf der Damaszener Erde geschaffen hatte, das Weib in dem irdischen Paradiese schuff? Geschah es nicht, um ihr die Gelegenheit zu benehmen, sich zu beklagen, daß sie in einem niedrigern Zustande, als der Mann, geschaffen worden, nachdem sie denselben an der Geburt übertraf; weil sie den Vorzug hatte, aus einem viel edlern Aufenthalte hervor zu treten? So kann es auch seyn, daß Gott sie hiedurch erinnern wollte, daß ein Weib, deren Geburt so edel war, sich nicht herablassen sollte, die Lügen einer niedrigen Schlange anzuhören. Oder aber, er hofte, daß sie, durch die Schönheiten und Reitze des Paradieses bezaubert, die Sünde fliehen würde, aus Furcht,

eines

eines so angenehmen Gutes verlustig zu werden. Und — als diejenige, so die Lust des Mannes seyn sollte, verdiente sie nicht, in einem Paradiese der Wollust gebohren zu seyn?

Gott hätte mit einem male mehrere Män, ner und Weiber erschaffen können, um die Welt in weniger Zeit zu bevölkern. Aber er wollte, daß allesamt von Einem Vater und von Einer Mut, ter abstammten, damit, wenn alle Menschen Brü, der wären, sie auch Sorge trügen, den Frieden, die Eintracht und die Liebe untereinander zu erhalten.

Scheinet es nicht, daß Gott, da er nur Ein Weib für Adam schuff, den Menschen zu verstehen geben wollte, daß sie sich nur mit Einer Ehe be, gnügen sollten? Aber vielleicht that er es auch aus einer andern Ursache; nämlich, weil er Adams Leiden nicht vervielfältigen wollte, wann er ihm mehrere Weiber zugab; weil insgemein nichts mehr fähig ist, die Geduld des Mannes zu er, müden und seine Ruhe zu stören, als die Sorgen des Ehestandes.

Kaum war Adam aus seinem Schlummer erwacht, als er die Augen auf das Weib warf, welches Gott allererst gebildet hatte. Er fand

B 5   sie

, fie fo ſchön, daß dieſelbe ſehen, und ſie bewundern
und lieben nur Eins war. Sie hatte ſo hervor=
ſtechende Reitze auf ihrem Antlitze, daß es viel=
mehr eine Wirkung der Dummheit, als Klugheit
geweſen wäre, den Beſitz davon nicht zu wün=
ſchen: Man muß geſtehen, daß die Schönheit
eine große Gewalt habe; ſie führet mit einer ſüſ=
ſen Tyranney die edelſten Seelen und die ſtärkſten
Geiſter in die Dienſtbarkeit.

Adam war von Erſtaunen eingenommen,
als er zwo Sonnen unter ihren angenehmen Au=
genliedern ſchimmern ſah, er, der bis itzt nur eine
einzige an dem Himmel erblickt hatte. Er konnte
ſich nicht zurückhalten, die Reitze zu bewundern,
die ihn mit ſo ſüſſer Gewalt aus der Betrachtung
aller andern Dinge riſſen, die er zwar ohne Zwei=
fel für größer, aber nicht für ſo ſchön hielt.

Er bemerkte an Even eine Ernſthaftigkeit,
die mit ſo viel Zärtlichkeit vergeſellſchaftet war,
daß ſie ſein Herz zwang, ſich ihrer Liebe zu un=
terwerfen: Ihre Haare, lockigt von Natur, wa=
ren ſchöner und feiner als das Gold, und da man
ſie um ein ſo ſchönes Haupt flattern ſah, würde
man vielleicht ſagen, daß die Zephyre, neidiſch ſo
vieler Schönheiten wegen, es verſuchten, ſie mit
ſich hinweg zu nehmen. Iſt Adam nicht zu ent=
ſchul=

schuldigen, daß er unvermögend, solchen Reizen zu widerstehen, sich von Even fesseln ließ?
Ihre Arme und ihre Hände, die von Milch und
Alabaster gemacht zu seyn schienen, hatten die
Weiße und beinahe auch die Festigkeit des Mar-
mels, und sie schien fünfzehn bis sechzehn Jahre
alt zu seyn. Kurz, sie war in allem so bezaubernd
schön, daß selbst der Neid würde gezwungen gewesen seyn, auf sie eine Lobrede zu halten.

Eve, ob sie schon durch die Sittsamkeit, die
ihrem Geschlechte natürlich ist, zurück gehalten
wurde, unterließ doch nicht, ihren Augen einige
Freiheit zu erlauben und die gute Gesichtsbildung
desjenigen zu bewundern, den der Himmel ihr zum
Gatten bestimmt hatte. Ihre Blicke zeigten ihr
Adam von einer starken und kraftvollen Jugend,
die den Frauenzimmern um so angenehmer ist,
je weniger sie an Delikatesse übertroffen seyn wollen. Sie erblickte auf seinem Angesichte die reich-
sten Geschenke der Natur und bemerkte an ihm
jenes Alter, welches, nicht mehr der Flatterhaf-
tigkeit und dem Unbestand unterworfen, allbereits
anfängt, von einer reifen und gründlichen Klugheit begleitet zu seyn.

Indessen, da Eve ihre Seele so dem Vergnügen überließ, Adam anzublicken; war er, be-
zau-

zaubert von ihren Schönheiten, auf dem Punkte,
sie wie eine Gottheit anzubethen; und gewiß,
hätte er nicht durch die Erleuchtungen der Of=
fenbarung erkannt, daß sie ein Theil von ihm
wäre, der Genuß der verbotenen Frucht würde
nicht die erste Sünde des Menschen gewesen seyn.

Nachdem er einige Zeit das Stillschweigen
beobachtet hatte, konnte er endlich seine Zunge
nicht mehr zurücke halten, die Empfindungen sei=
nes Herzens durch folgende zärtliche und rührende
Worte auszubrücken, die gewöhnlich in dem Mun=
de der Liebenden sind. Liebenswürdiger Theil mei=
ner selbst, den ich mehr als mein Leben liebe,
sprach er zu ihr mit einer leidenschaftsvollen Mi=
ne, du bist nicht allein Bein von meinen
Beinen, du bist auch die Seele von meiner Seele,
und ich würde noch mehr sagen, wenn meine Zun=
ge fähig wäre, das auszubrücken, was mein Herz
für dich fühlt. Erlaube, daß ich mich anbiethe,
dich zu lieben und dir zu dienen; denn, da wir
alle beide von dem nämlichen Urheber gebildet
sind; so sind wir auch verbunden, unsere Herzen
und unsern Willen zu vereinigen.

Ich will, daß du in Zukunft ein Theil des
Mannes heißen sollst, und ich sehe voraus, daß
die, so einst von uns abstammen werden, ihre ei=
gene

gene Wohnung verlaſſen, der Zuneigung ihrer
Mütter entſagen werden, um ſich mit einem Weibe
zuvereinigen und einer Gattin zu folgen, die ihnen
beſtimmt ſeyn wird. Die Weiber werden es eben
ſo wie die Männer machen, und zwar mit deſto
mehr Inbrunſt, je mehr ſie Hang zur Zärtlichkeit
haben werden.

Laſſet uns hier, meine Leſer, etwas verweilen und die Schwäche der menſchlichen Natur
betrachten. Adam war kaum aus den Händen
ſeines Schöpfers getretten; er war noch in der Gegenwart Gottes, der die Verirrungen ſeines Her-
zensſah: und verlohr doch ſchon bey den bloßen Anblick eines Weibes das Angedenken aller der Dinge,
die ihn ganz und gar an die Betrachtung der göttlichen Majeſtät ketten mußten. Dies Weib allein iſt es, das ſein Vergnügen und ſeine Luſt
ausmacht, und er nennt ſie den einzigen Gegenſtand aller ſeiner Verlangen. Die Weiber haben
einmal von dem Himmel das Vermögen erhalten,
eine ſo ſüße Tyranney auszuüben, daß man Dumm
ſeyn oder an Weisheit Mangel haben müßte, um
es zu wagen, ihnen die Herrſchaft über die Herzen abzuſtreiten. Wer den Zaubereyen der Schönheit eines Weibes widerſtehen kann, iſt entweder
kein Menſch, oder er hat übermenſchliche Eigenſchaften.

Un-

- Ungeachtet alles deſſen, hat Gott, der ſah, mit welcher Heftigkeit Adam die Zärtlichkeit ſeines Herzens ausdrükte, weit entfernet, über eine ſo wenig erfurchtsvolle Verirrung aufgebracht zu ſeyn, mit einer Nachſicht, die ſeiner Güte würdig iſt, alſo zu den erſten Menſchen geſprochen.

Meine Kinder, alle dieſe manigfaltigen Pflanzen, die vor euren Augen erſcheinen; alle dieſe Bäume, die ihr mit ſo viel verſchiedenen Früchten belaſtet ſehet, ſind eben ſo viele Geſchenke, die ich euch mache: ihr könnet dieſelben zu eurer Nahrung gebrauchen; denn ich habe die Kraft in ſie gelegt, euern Leib zu unterſtützen und euerm Munde zu behagen. Nichts iſt in dieſem Garten, das unfruchtbar wäre, und das nicht für euch gemacht iſt. Ich habe darinnen alle Sachen mit Ueberfluß hervorgebracht, damit wenn ſie eure Bedürfniſſe befriedigt haben, ſie den Vögeln, den Waldthieren und allen andern Thieren der Erde nützen; denn meine Fürſehung breitet ſich über alle Geſchöpfe aus. Derjenige, der euch hervorbringen konnte, hat auch euern Nothwendigkeiten und eurer Unterhaltung fürſehen können. Ich geb euch meinen Segen und verkündige euch, daß aus euch ein fruchtbares Geſchlecht hervorgehen werde, welches die ganze Welt bevölkern wird. Wachſet alſo und vermehret euch; denn die Welt ſoll durch euere Nachkommenſchaft bewohnet werden.

Die

Die göttliche Fürsehung hat dem Menschen zu seiner Nahrung die Frucht aller Bäume und die Substanz aller Pflanzen angewiesen, ein Beweis, daß während der Unschuld Adams, alle Bäume fruchtbar und alle Kräuter gesund waren. Nur die Sünde, so den Fluch über die Erde gebracht, hat die Unfruchtbarkeit in die Pflanzen und den Gift in die Kräuter versetzet.

Und wer weis, ob Gott nicht den Menschen deswegen vorgeschrieben hat, sich mit den Früchten der Erde zu nähren, um ihm die Frugalität und die Mäßigkeit zu lehren; weil er vorhersah, daß die Regellosigkeit des Mundes ihn einst zwingen würde, die Lüfte zu entvölkern und bis in die Abgründe des Meeres zu wühlen, um seine Lust zu begnügen.

Nachdem Adam der Lust, die er hatte, seine Gattin zu betrachten, ein Genüge gethan, und seine Vernunft ein wenig aus ihrer Verirrung zurückgekommen war, warnete er sie, jene tödliche Frucht nicht zu berühren, welche den Tod in die Welt bringen sollte. Dieses, sprach er, dieses ist der Befehl unsers Gebiethers. Es würde ein großer Undank und eine lasterhafte Gottlosigkeit seyn, ihm nicht gehorchen. Er würde uns mit Recht aus diewollustreichen Aufenthalte verstoßen und uns die Herrschaft abnehmen, welche er uns über alle Geschöpfe

schöpfe ertheilet hat. Wer den Herrschern nicht
zu gehorchen weis, ist ihrer Zuneigung nicht werth;
und wenn der Gehorsam allen Untergebenen noth=
wendig ist, um wie viel mehr muß er es uns
seyn, die wir einen Gott haben, der uns mit so
viel Güte behandelt, daß er sich nicht begnügte,
uns sich ähnlich gemacht zu haben; sondern uns
auch einen Theil seiner Gottheit mittheilen wollte.

Dieses Verbot machte Even lüstern; denn
der Vorwitz eines Weibes wird dann erst recht
rege, wenn man ihr etwas verbeut. Das Verbot
erweckt und entflammt die Begierden, welche ge=
meiniglich für erlaubte Dinge brennend, aber für
verbotene unersättlich sind. Hingerissen also durch
diese Ungeduld, welche das Grab ihrer Glückse=
ligkeit zubereitete, verläßt sie Adam, um ohne Zeu=
gen und Vorwurf des Anblicks einer Frucht zu
genießen, welche sie deswegen für die auserlesenste
aus allen hielt, weil sie verboten war.

Je mehr ein Weib sich von ihrem Gatten
entfernet, desto mehr nähert sie sich ihrem Verder=
ben. So lange sie von ihm abgesondert ist, steht
sie in Gefahr, sich zu Grunde zu richten; weil
sie die Gelegenheit veranlaßt und jedem die Ver=
wegenheit giebt, ihr Fallstricke zu legen. Der
Mond leidet Finsterniß, wann er der Sonne zu
nahe

nahe ist; das Weib aber/im Gegentheile leidet
traurige Verfinsterungen in ihrer Ehrbarkeit, wann
sie abgesondert von ihrem Gatten ist.

Als Eve den verbotenen Baum gefunden,
stund sie stille, und betrachtete die Frucht mit so
vielem Vorwitze daß sie hiedurch dem Teufel Ursache gab, sie zu versuchen. Dieser Dämon kann nicht
großen Schaden thun, wenn man ihm keinen Eingang gestattet; und man raubt ihm seine Stärke,
wenn man ihm die Gelegenheit benimmt. Allein
der Vorwitz bringt die Sünde hervor, so wie er selbst
durch den Ungehorsam hervorgebracht worden ist.

Unter einer unendlichen Zahl mannigfalti-
ger Gestalten von Thieren war auch eine Schlange, deren Angesicht beinahe dem Gesichte einer
jungen Schöne ähnlich war. Gott hatte dieselbe mit
List erfüllt, und es war kein Thier unter dem Himmel, das ihr an Verschlagenheit und Verstand
gleich kommen konnte. Dieß war es, warum der
Teufel sie zum Werkzeuge seiner Bosheit wählte,
aus Neid über die Glückseligkeit des Menschen,
welcher, obschon der letzte und auf eine viel ge-
ringere Art gebildet, dennoch vermöge der Herrschaft, die er über die ganze Welt hatte, und wegen dem Besitze der Gnade seines Schöpfers, über
ihn triumphirte.

Dieſer Meineidige bediente ſich einer Schlan⸗
ge, die das Angeſicht eines jungen Mädchens hatte,
zum Beweis, daß Verräther allemal ihre Verrä⸗
therey unter dem Schleyer der Einfalt und Leut⸗
ſeligkeit verhüllen; weil er nicht glaubte, fähig
zu ſeyn, ein Weib zu hintergehen, wenn er ſich
nicht eines Mundes und eines Geſichtes bediente,
welche jenem eines Weibes ähnlich wären.

Der Dämon unternimmt es, das Weib, und
nicht den Mann, zu verſuchen; weil er wußte,
daß erſtere leichtgläubiger und minder fähig wäre,
Widerſtand zu thun. Um ſich alſo ſtuffenweiſe
des Willens der Eve zu bemeiſtern, fieng er an,
ſie an den niedrigern Eigenſchaften ihrer Seele
anzugreiffen. Er wußte, daß die Menſchen ſelten
den Verſprechen, die man ihnen macht, Glauben
beimeſſen, und daß ſie leichter fallen, wenn ſie an
die Irrthümer andrer glauben, als wenn ſie durch
ihre eignen Irrthümer betrogen werden. Dieſer Feind
des menſchlichen Geſchlechtes wartet erſt, bis die
Augen Evens das Verlangen, die verbotene Frucht
zu koſten, in ihr Herz überbracht hatten; und er
ſagt endlich zu ihr mit einem Lächeln, welches
ſein Gift bereitete:

O Allerſchönſte aus allen Geſchöpfen! koſt⸗
bares Geſchenke des Himmels, die du die Glück⸗
ſelig⸗

seligkeit aller derer ausmacheſt, welche dich zu ſehen das Glück haben! wenn ich dich betrachte, ſo glaub' ich, daß dieſer Garten ſich mit dem Namen des Paradieſes nur in ſo weit werde rühmen können, als er deiner Gegenwart genießt, wel= che nicht nur die Herzen, ſondern auch die Pflan= zen und die unempfindlichen Steine zu beglü= cken vermag.

Alleine verzeih, daß ich hier einen Zweifel vorbringe. Warum hat euch denn Gott nicht er= laubet, von allen Früchten dieſes Gartens zu eſ= ſen, da ſie doch der Willkühr der verächtlichſten Thiere ſelbſt preis gegeben und ſo delikat ſind, daß es genug iſt zu ſagen, daß ſie Früchte des Paradieſes ſind? War es denn nicht genug, daß er euch dem natürlichen Geſetze unterwarf, mußte er noch ein anders übernatürliches Geſetz hinzu thun, das ihr zu halten verbunden ſeyd, und euch ein poſitives Geſetz auflegen, wozu er nicht ein= mal die vernunftloſen Thiere verbindet? Er iſt in der That ſehr ſtrenge dieſer Gott, daß er euch den Genuß der Früchte der Erde verbeut; er iſt ſehr geizig, ſich das vorzuenthalten, was die Na= tur euch giebt, und ich bedaure euch, daß ihr in Schranken eingeſchloſſen ſeyd, worinnen ihr nicht bleiben könnet, ohne unmögliche Dinge zu thun.

Wie die Bosheit des Teufels groß iſt! Gott

hatte

hatte die Frucht eines einzigen Baumes verboten; und um dieses Gesetz zu erschweren, frägt dieser böse Geist, warum hat er sie alle verbothen? gleichsam als wenn die Größe des Gebotes auf eine gewiße Art die Verachtung desselben entschuldigte, und als ob man minder lasterhaft wäre, wenn man ein Gebot verletzet, dessen Beobachtung sehr schwer ist.

Eben ist es nicht aufgefallen, eine Schlange reden zu hören; entweder, weil sie sich überzeugt hat, daß dieses eine Wirkung der göttlichen Allmacht gewesen; oder weil sie an kein Wunderwerk dachte, nach der Sitte der Weibsleute, welche gar nicht einmal betrachten, ob die Dinge, deren sie sich überzeugen, über die Natur sind, wenn sie einmal durch falschen Schein eingenommen sind.

Sie trug keinen Abscheu, eine Schlange anzublicken, weil dieselbe, da sie ihren eigenen Gesichte ähnlich sah, fähiger war, ihr Freude als Furcht einzuflösen. Denn es ist natürlich, mit Vergnügen Dinge zu sehen, die uns ähnlich sind: ferner waren alle Thiere dem Menschen im Zustande der Unschuld unterworfen, und folglich konnte die Schlange ihr weder Uebels zufügen, noch sie erschröcken. Gott hat den Menschen über=

überdem keinem Leiden unterworfen, das er sich
nicht selbst durch sein eigenes Versehen zugezo=
gen hat.

Indessen erwiederte Eve der Schlange: das
Verbot, so uns Gott gethan hat, ist so allgemein
nicht, wie du sprichst. Alle Bäume dieses Gar=
tens sind unser, und wir können, nach unserer
Wahl, von ieder Gattung der Früchte genießen.
Nur die einzige Frucht dieses Baumes, der sich
mitten im Paradiese befindet, ist uns verboten
worden. Gott hat uns befohlen, diesen Baum
nicht zu berühren, damit wir nicht ohngefähr dem
Tode unterworfen würden. Die Furcht zu ster=
ben, ist fähig, alle unsere Begierden zu mäßigen;
und ich bin so thöricht nicht, daß ich mir durch
eine gottlose Uebertrettung den Zorn und die Be=
strafung Gottes über den Hals laden will.

Die göttliche Majestät hatte nur allein
verboten, nicht von der Frucht des Baumes der
Wissenschaft des Guten und des Bösen zu essen;
inzwischen sagt Eve doch, er habe auch verbo=
ten, ihn zu berühren; gleichsam als wenn sie,
weil sie eine Weibsperson ist, eine Sache nicht
erzählen könnte, ohne sie zu verändern und ohne
eine Lüge hinzuzusetzen.

Viel=

Vielleicht hat aber auch Adam, der die Schwäche seines Weibes kannte, ihr das Verbot also be-
richtet, um ihr die Gelegenheit zur Sünde zu benehmen; denn wenn die Frucht einmal in den
Händen ist; so ist es beinahe unmöglich, daß sie
nicht auch in den Mund komme. Es heißt entweder
zu sehr auf sich selbst vertrauen, oder sich freiwillig der Sünde aussetzen, wenn man sich unter-
fängt dasjenige mit der Hand zu berühren, was
unserm Munde versaget ist.

Warum setzet Eve die Strafe des Gebots,
das Gott ihnen gethan, in Zweifel, da sie sagt:
damit wir nicht ohngefähr dem Tode unterworfen wären? deßwegen, weil man die
Dinge, nach denen man heftig verlangt, sich immer leichter und minder gefährlich vorstellet. Auch
zweifeln wir insgemein an den Bestrafungen Gottes und diese Ungläubigkeit ist insonderheit ein
Fehler der Weibsleute.

Der Teufel, muthig gemacht durch die Lüge
und den Unglauben Evens, beginnt zu hoffen, sie
zu überwinden und dahin zu bringen, das Gebot
Gottes zu verletzen. Um sie also zu verführen,
gebraucht er eine wundersame List; denn er suchet,
ihr die Furcht der Strafe zu benehmen, womit
Gott ihrem Ungehorsame gedroht hat, und ihr
die

die Hoffnung des Erwünschlichſten aller Güter zu machen.

Sey gutes Muths, ſprach er zu ihr, und verbanne deine Furcht: der Tod iſt nur eine Einbildung; er iſt ein Schröckenbild, ſchwache Geiſter zu erſchröcken; wie ſoll ein Weſen ſterben können, das aus den Händen Gottes kömmt? hieße dieß nicht, dieſem göttlichen Werkmeiſter Unrecht thun, wenn man ſagte, daß ſein Werk dem Tode unterworfen ſeyn könnte? Eine Sache, welche ihr Daſeyn von Gott erhält, kann, ohne Vernichtung Gottes ſelbſt, nicht vernichtet werden. Er hat euch mit dem Tode gedräut; weil es der Gebrauch derer, welche gebieten, iſt, unmöglich ſcheinende Strafen fürchten zu machen, um mit einem blinden Gehorſame bedienet zu werden. Er verbeut euch, von dieſer Frucht zu koſten; weil er fürchtet, ihr möchtet ihm gleich werden: denn wer die höchſte Macht beſitzt, kann nur mit Widerwillen Mitgenoſſen haben. Mit dem Neide verhält ſichs wie mit dem Donner, der gerne die höchſten Dinge trift. Die Gottheit ſelbſt iſt nicht vor Anfällen geſichert. Gott weis ſehr wohl, daß, wenn ihr von dieſer Frucht eſſet, die Augen eures Verſtandes ſich öffnen und ihr die Wiſſenſchaft des Guten und des Böſen haben werdet; dieſe Wiſſenſchaft, die ihn ſo glorwürdig und wunderbar machet, und die verurſachet, daß er Gott iſt.

C 4   Dieſe

Diese Worte der Schlange waren falsch, gottlos, widersinnig und unglaubbar; sie machte Gott zum Lügner und neidisch; sie wollte, daß ein Baum das Vermögen haben sollte, die Weisheit mitzutheilen, und daß die Menschen, wenn sie davon essen, Gott gleich werden. Indessen, da das Weib einmal durch falschen Schein betrogen war; so bemerkte sie eine so gottlose und offenbare Falschheit nicht. Der Ehrgeiz, sich Gott gleich zu machen, und das Verlangen, von der verbotenen Frucht zu kosten, hatten ihren Verstand verblendet und ihre Vernunft verfinstert. Denn ist wohl etwas unmöglichers und der gesunden Vernunft widrigers, als die Lüge der Wahrheit und den Neid der wesentlichen Güte zueignen? — und verlangen, die Weisheit und Aehnlichkeit Gottes zu erhalten, wann man die Frucht eines Baumes isset? — Nichtsdestoweniger gilt dieß alles für wahr in dem Gemüthe eines Weibes, weil die Weiber gemeiniglich die Schatten für Körper halten, wenn es um ihr Interesse zu thun ist.

Hätte Eva nicht zur Schlange sagen sollen: Wenn dergleichen Worte nicht trügerisch sind, warum nimmst du nicht von dieser Frucht, und giebst dir selbst, was du andern versprichst? Worinnen hab' ichs verdient, daß du so viel Gefällig-

keit

keit für mich haft, mir ein so großes Gut verschaffen zu wollen und mich, vor dir, einen so
seltenen Vorzug erlangen zu lassen, ein göttliches
Wesen zu werden? Iß immer du zuerst von dieser Frucht und gib mir durch diesen Versuch einen Beweis von der Wahrheit deiner Versprechen.
Warum hat Gott diesen Baum geschaffen, oder
warum hat er ihn nicht weggeräumt, wenn er
uns seinen Genuß darum verboten, weil er uns
eine so große Glückseligkeit misgönnte?

Aber das unglückliche Weib glaubt alles,
weil sie alles verlanget. Sie widerspricht nicht;
weil sie sich überzeugt, daß es ein minder's Versehen ist, zu sündigen, wann man dadurch wagt,
die Wahrheit zu gewinnen, als durch nichtsündigen
die Hoffnung hiezu zu verlieren, so unmöglich diese
auch immer ist.

Die Worte der Schlange waren, so schmei-
chelnd sie schienen, dennoch voll Trug und Zwey-
deutigkeit: Wenn sie das Weib versichert, daß sie
nicht sterben werde, wenn sie von der verbotenen
Frucht ißt; so konnte sie es so verstehen, daß sie
nicht zu derselben Stunde, oder in Absicht auf
ihre Seelen, sterben würde. Wenn sie sagt, daß
die Augen ihres Verstandes eröfnet würden; so
mußte es auch wirklich so seyn, nämlich, um ihr

Elend

Elend und ihre Beschämung nach der Sünde einzu-
sehen. Wann sie verspricht, daß die Menschen wie
die Götter, seyn werden; so will sie hiedurch sagen,
vielleicht, wie die Teufel. Endlich, die Kenntniß
des Guten und des Bösen kann man von der
Beraubung des Guten, welches Adam verlieren,
und von der unseligen Erfahrung des Bösen verstehen, welches er sich, nach seiner Sünde, zuziehen mußte. O was der Teufel für ein ge-
fährlicher Sophiste ist!

Eve hatte anfangs diesen Baum mit eini-
gem Vorwitze betrachtet; aber nach der Unterredung mit der Schlange fängt sie an, ihn mit
einem gewaltigen Verlangen anzublicken, seine
Frucht zu kosten. Ihre Augen hatten ihre Seele
in Verwirrung gebracht, und da sie sich einbildete, daß die Güte der Frucht der Schönheit
des Baumes gleich seyn müßte; so machte sie sich
ein äußerstes Vergnügen daraus, von einer so
vortreflichen Frucht essen zu können. Es ist zu
glauben, daß die Pflicht des Gehorsams und
der Treue, die nie ganz verlischt, und auch sogar noch in den widerspänstigsten Seelen herrschet,
ihr folgende Gedanken eingegeben habe.

Weib, lege deiner allzuvorwitzigen Eitelkeit
einen Zaum an. Du mußt jenem Gotte gehorchen

chen, der, nachdem er dir das Wesen gegeben,
alle Geschöpfe deinem Gehorsame unterworfen
hat. Es ist eine Undankbarkeit, es ist eine Gottlosigkeit seine Gebote verletzen, welche dir nur die
Frucht eines einzigen Baumes versagen. Es ist
dir erlaubt, von der Frucht aller Bäume des
Paradieses zu essen, ausgenommen von jenem der
Wissenschaft des Guten und des Bösen. Wenn
sie alle vollkommen und fähig sind, das Gute
kennen zu machen, warum soll man von diesem
essen, der noch überdem das Kenntniß des Bösen
gewähret? Verschaffe dir nicht selbst ein Erkenntniß, das sich für dich nicht geziemt; denn es ist
mehr eine Unwissenheit, als Wissenschaft, das Böse
zu kennen. Hüte dich vor verbotnen Dingen, damit du nicht auch die verlierest, welche dir ver-
gönnet sind. Dieser Baum, den du mit so viel
Vorwitz und Vergnügen betrachtest, schließt in
seiner Frucht den Tod, nebst dem ganzen Ver-
derbniß des menschlichen Geschlechtes, ein. Wozu
betrachtet man ein Ding, dessen man nicht genießen kann, ohne in die Ungnade Gottes zu fallen? Die Hände folgen insgemein der Lust der
Augen. Es ist wahr; es ist dir nicht verweigert,
diesen Baum anzublicken, nur allein seine Frucht
zu genießen ist dir verboten. Inzwischen, wenn
es kein Verbrechen ist, ihn anzusehen; so ist es
doch wenigst die Gelegenheit und der Anfang
daju.

dazu. Nimm dich wohl in Acht, daß du den Versprechen nicht Glauben beymeſſeſt, die nichts als trügeriſch ſeyn können; weil ſie durch eine Schlange, dem verſchmitzteſten aus allen Thieren gemacht werden. Da ſie dir einen Apfel giebt, will ſie dir das Paradies rauben. Heißt das nicht, dich wie ein Kind behandeln, da ſie dich mit Aepfeln äffen will?

Die heiligſten Geſinnungen ſind unnütze in den Seelen, die ſich durch Verſprechen einmal wollen überwinden laſſen; und es iſt unmöglich, daß man nicht in den Abgrund ſtürze, wenn man die Augen mit ſo viel Vergnügen zuſchließt, um ihn nicht zu ſehen. Eve ſtreckt alſo die Hand nach dem verbotenem Baume aus, und nachdem ſie die Frucht abgepflückt, ißt ſie dieſelbe mit einem Ungehorſame, der eben ſo wenig entſchuldigt werden kann, als er ungerecht iſt. Sie hatte ſchon durch den Müßiggang, durch die Lüge, durch die Treuloſigkeit, durch den Stolz und den Fraß geſündiget; und, um endlich ſo vielen Fehltritten das Siegel aufzudrücken, verletzt ſie noch das ausdrückliche Geſetz Gottes. Wann der Ungehorſam ſich einer Seele bemächtiget; ſo ſchleppt er ſie in einer beynahe unendlichen Kette von Sünden mit ſich fort.

Sie

Sie rufet den Adam nicht herbey, um zu erst von dieser Frucht zu essen, wie sie noch durch die Gesetze der Abhängigkeit verbunden war; weil, sie glaubte, die Gottähnlichkeit durch diese Frucht zu finden, und deswegen keinen zu vorkommen lassen wollte. So sehr ist es wahr, daß das eigene Interesse die Gesetze der Pflicht und der Natur zernichtet.

Nachdem sie die Süßigkeit dieser Frucht geschmecket, und sich vollends in dem Glauben gegründet hatte, den sie den Lügen der Schlange gab, die ihr versicherte, der Genuß der verbotenen Frucht würde ihr nicht den Tod verursachen, welches ihr auch die Erfahrung zurechtfertigen schien: so bricht sie einen von den unglücklichen Aepfeln und läuft eilend zu Adam hin. Da sie ihn liebte, so hatte sie die äußerste Ungeduld, ihm ein so großes Gut mitzutheilen.

So bald sie ihn nur erblickte, sprach sie mit einem gefälligen Lächeln zu ihm: Herr, sieh hier einen Beweis von der Liebe, die ich zu dir habe. Wer nicht wohlzuthun weis, weiß nicht zu lieben; und man muß die Liebe nach der Größe der Wohlthaten messen. Ich bringe dir die Göttlichkeit in dieser Frucht, die Gott uns nur deßwegen verboten; weil die Mächtigen nicht ihres Gleichen an Macht haben wollen.

Dieß

Dieß ist eine Frucht von dem verbotenen Baume, die durch ihre Köstlichkeit und Süßigkeit alle die übrigen übertrifft, die wir für so vollkommen hielten. Man darf die Strafe nicht befürchten, womit wir bedroht sind, wenn wir davon essen, denn ich habe schon davon gegessen und lebe dennoch.

Adam, der sie unterbrach, antwortete ihr mit einer Miene, die einigen Ernst verrieth. Begnüge dich, daß du ganz alleine wider die Gebote deines Gottes ungehorsam gewesen bist, ohne mich zum Mitschuldigen deines Ungehorsames zu machen. Führe nicht andere in den Abgrund, worein du gesunken bist. Ich bin dein Gatte und dein Liebhaber, aber ich werde auch wissen, dein Feind zu werden, wann du andere Gesetze, als die meines Willens wirst annehmen wollen.

Was kann man von einem Weibe erwarten, das nicht einmal ihrem Gotte zu gehorchen weis? Was muß ich nicht von der Eitelkeit deiner Begierden befürchten? nachdem sie sich wider den Gehorsam empören, den du demjenigen schuldig bist, der dich geschaffen hat. Ich liebe dich so sehr als es deine Schönheit verdient; so sehr, als ichs vermögend bin und ein menschliches
Herz

Herz lieben kann: allein ich darf keine niedrige
und schmeichelhafte Gefälligkeit gegen deine Irr=
thümer hegen. Das heißt Fehltritte billigen,
wenn man sie nicht bestrafet, und wer fremder
Sünde Beyfall giebt, verdienet eine größere Be=
strafung, als der, so sie begeht.

Eve antwortete auf alle diese Vorwürfe nur
mit Seufzen und Thränen, den gewöhnlichen
Kunstgriffen, deren sich die Weiber bedienen, um
der Ehre, der Freyheit und dem Glücke der Män=
ner Fallstricke zu legen. Sie stürzt in die Arme
Adams und bestürmt seine Standhaftigkeit mit
so zärtlichen Liebkosungen und mit so leidenschafts=
vollen Küssen, daß er nach einem schwachen Wi=
derstand, sich gänzlich überwinden läßt.

Was vermag nicht ein Weib über ein ver=
liebtes Herz? Wo ist die Stärke und Standhaf=
tigkeit die von ihr nicht besiegt wird? Welchen
kann sie nicht verkehren? und welche Hindernisse
ist sie nicht zu übersteigen fähig? Wer kann den ge=
waltsamen Begierden eines Weibes, das er liebt,
widerstehen, wenn er nicht Gott ist, oder dessen
Stärke und Kraft hat.

Adam konnte wohl wissen, daß es Belei=
digung gegen Gott gewesen sey, von dieser Frucht
zu

zu essen. Aber entweder, weil er sein Weib noch
leben sah, so glaubte er, daß die Bedrohung des
Todes, nur um Furcht zu erwecken geschehen sey,
oder weil er die göttliche Gerechtigkeit in einer
so wenig bedeutenden Sache sich minder strenge
vorstellte; oder endlich, weil er sich einbildete, seinen
Fehler entschuldigen zu können, wann er sich das
Ansehen gab, daß er es nur gethan habe, um
dem Weibe zu gefallen, das ihm Gott gegeben
hatte; so nahm er endlich die Frucht und fieng
an, davon zu essen. Welch Wunderdinge! ein
Weib thut das, was der Teufel zu unternehmen
sich nicht getrauet hat.

Kaum hatte Adam einen Bissen von der
unglücklichen Frucht hinuntergegessen, als die Reue,
welche die größten Verbrechen begleitet, und jenes geheime Nagen des Gewissens, so die Verbrecher peiniget, sich der Seele des Unglücklichen be-
mächtigten. Er nahm sowohl als sein Weib gewahr, daß sie nackt seyen; eine Bemerkung die
ihnen vorhin entgehen mußte, weil sie vorhin mit
ihrer eigenen Unschuld bedeckt waren, nun aber
erkannten sie die Nothwendigkeit der Kleider.

Nun eröffneten sich ihre Augen, nicht als
wären sie vorher blind gewesen, sondern weil die
Nacktheit ihnen noch keine Besorgniß verursachte,
indem

indem das Fleisch des Menschen gänzlich seinem
Willen unterworfen gewesen. Das Fleisch versagte
zuerst dem Menschen den Gehorsam, um ihm sein
Verbrechen vorzurücken; und die Unglücklichen
bemerkten, daß sie nackt wären, da sie, beraubt an
der Gnade, erkannten, daß ihr Fleisch sich wider
den Geist empörte.

Auch die Augen ihres Verstandes fiengen
nun an zu sehen; weil sie gewahr nahmen, was
die Begierde zur Sünde sie vorhin zu erkennen
hinderte. Sie sahen die Fallstricke des Teufels,
die Bosheit der Sünde und die Gewisheit einer
nahen und unvermeidlichen Strafe. Der Mensch
ist immer blind, wenn er sündiget. Nur nach
der Vollbringung der Sünde sieht er sich mit
Schande und Scham bedeckt. Alsdann rückt das
wider ihn empörte Gewissen ihm sein Verbrechen
vor und spricht seine Verdamniß aus.

Die Nacktheit, vor dem Ungehorsame Adams
und Evens, that in ihnen eben die Wirkung, die
sie in uns thut, wenn wir unsere Hände und
unser Angesicht entblößen. Sie waren kleinen
Kindern ähnlich, die sich nichts daraus machen,
sich aufzudecken, ehevor sie den Gebrauch der Vernunft haben, und die nur über ihre Blöße er-
röthen, wenn sie anfangen, die Kenntniß des

D   Gu-

Guten und des Bösen zu haben. Was in ihnen
das Alter thut, das that die ursprüngliche Gerechtigkeit in Adam, aber nicht unmittelbar nach
seiner eigenen Sünde, sondern erst als das Weib
erkannte, daß sie nackt wäre: entweder weil die
Weibsleute, um ihren regellosen Begierden ein
Genügen zu thun, gemeiniglich die Schranken der
Schamhaftigkeit überschreiten; oder aber um uns
zu verstehen zu geben, daß die göttliche Gerechtigkeit mit mehr Strenge diejenigen züchtiget,
welche andere sündigen machen, als die, welche
selbst sündigen.

Gott wollte, daß unsere ersten Aeltern im
Paradiese nackt wären, weil weder die Kleidungen, die die Natur giebt, noch die, welche die
Kunst erfunden hat, ihnen anständig seyn konnten. Jene der Natur schickten sich für sie nicht,
weil sie dieselben nur deßwegen den Thieren gegeben hat, um sie wider die Strenge der Kälte und
der Hitze zu beschützen, und, da der Mensch mit
jeder Art von Gütern überhäuft war; so konnte
er der Strenge der Jahrszeiten, über die er gebot, nicht unterworfen seyn. Die Kleidungen
der Kunst aber, da sie die Arbeit voraussetzen,
geziemten sich für sie eben so wenig als die andern, weil es der Vernunft zuwider war, daß
die, welche ihre Glückseligkeit aus der Hand Got-

tes

fes empfiengen, mit mühſamen Beſorgniſſen be⸗
ſchäftiget ſeyn ſollten.

Gott wollte vielleicht auch, daß ſie ſo wä⸗
ren, um ſie wieder mit dem Glanze ſeiner Herr⸗
lichkeit zu bekleiden und den Engeln ähnlich zu
machen, welche dergeſtalt mit Lichte bedeckt ſind,
daß ſie die Augen mit einer außerordentlichen
Verwunderung erfüllen; allein die Sünde hat
dem Menſchen dieſe glänzende Wirkung der gött⸗
lichen Güte geraubet.

Adam, beunruhiget durch die Furcht des
Zornes Gottes, bedeckt ſeinen Leib mit Feigen⸗
blättern; weil er ſich etwa einbildete, ſein Ver⸗
brechen ſamt der Nacktheit, verbergen zu können.

Bemitleidenswürdige Folge der Sünde, die
unſern Geiſt mit Finſterniſſen anfüllt und uns
den Gebrauch der Vernunft raubet! Adam wird
ein Unwiſſender, da er ein Verbrecher wird. Er
will mit ſimpeln Blättern bedecken, was zu be⸗
decken unmöglich iſt; und vielleicht, weil er ſich
nackt erblickte, wollte er aus einem niederträchti⸗
gen und lächerlichen Neide ſogar die Bäume des
Paradieſes plündern.

Er bedeckt ſich mit Feigenblättern. Denn,
da dieſer Baum von der Natur des Lorbers iſt,

der

der gegen den Donnerstral bewahrt: so glaubte er vielleicht, sich damit vor den Donnerschlägen des göttlichen Grimmes in Sicherheit zu setzen. Oder aber, indem er sich in seinem Unglücke schmeichelte, so untersteht er sich, sich zu bereden, den Zorn Gottes beugen zu können, wenn er sich mit den Blättern eines Baumes bedeckt, dessen Wurzel, wie man sagt, die Kraft hat, den Marmor zu brechen.

Indessen belustigte sich Gott in dem Garten und genoß der kühlen Luft, welche die Zephyre gewährten, wenn sie gegen die Neige des Tages mit etwas mehr Nachdrucke wehen Er bemerkte sehr wohl die Unruhe, die ihm die Sünde des Menschen verursachte: denn um die Hitze seines gerechten Zornes zu mäßigen, schien er sich der Hülfe dieser stets gemäßigten Winde zu bedienen. Dieß lehret uns, daß, wenn Gott die Verbrechen der Menschen bestrafen will, er nicht zur Rache los eilet, er sucht sie ohne Uebereilung, er belustiget und ergötzet sich, während daß die Geschöpfe ihm den Krieg ankündigen.

Adam erinnert sich hier seines Fehltrittes und sieht, daß er durch seinen Ungehorsam verdienet hat, der Ewigkeit beraubet zu seyn. Sein Herz, das ohnehin schon mit Furcht erfüllet war, ward

ward Eis mittels der Winde, welche die Maje=
stät Gottes begleiteten; und der Untergang der
Sonne, welcher herannahte, stellet ihm die trau=
rigen Finsternisse der Strafen vor Augen, die ihm
Gottes Gerechtigkeit bereitet. Da er also die Ge=
genwart eines so schröcklichen Richters nicht er=
tragen konnte, der auf die Vorwürfe schon denkt,
die er ihm machen, und auf die Strafe, womit
er ihn züchtigen soll; so versteckt er sich mit sei=
nem Weibe unter einem Baume, dessen reiches
Laubwerk eine den Stralen der Sonne undurch=
dringliche Freystätte bildete, und eine unendliche
Menge von Armen, zur Vertheidigung dieser zwey
Verbrecher, vorzustellen schien.

Hatten sie nicht Ursache zum Schatten der
Bäume ihre Zuflucht zu nehmen; sie, die dem
brennenden Verlangen ihrer Sinne nicht wider=
stehen konnten? Aber, wie blind sind die Anschlä=
ge des menschlichen Geistes! Adam wollte sonder
Zweifel unter einem Baume eine Freystätte fin=
den, um seine Sünde zu verbergen, gleichwie ein
Baum ihm hiezu den Stoff bereitet hatte.

Er verbirgt sich, nicht so eigentlich um der
Gegenwart Gottes auszuweichen, als weil er sei=
nen Anblick nicht ertragen konnte: denn er fühlte
das Beissen seines Gewissens, das ihm seinen Un=

ge=

gehoffam, seinen Undank und seinen Aufruhr vor-
rückte; und es ist die Gewohnheit der Missethä-
ter, daß sie den Anblick derer nicht aushalten
können, die sie beleidiget haben und von denen
sie wissen, daß sie im Stande sind, sie zu bestrafen. Oder vielleicht, da Verblendung des Geistes
und die Beraubung der Vernunft eine Wirkung
der Sünde ist, so maßte Adam sich an, sich sogar
vor dem Anblicke der göttlichen Majestät selbst
verbergen zu können.

Vernunftloser Adam! du suchest deine Freiheit unter einem Baume, welcher das Werkzeug
deines Verderbens gewesen ist.

Gott, obschon den Augen des Adams verborgen, rief darauf ihm mit einer vernehmlichen
Stimme zu: Adam, Adam, wo bist du?

Nicht, als ob er den Ort nicht wüßte, wo
Adam wäre; dieweil seinen Augen nichts un-
durchdringlich, noch sonst etwas ist, das uns vor
seinem Anblicke in Sicherheit setzen kann, sondern
er wollte ihn nur einladen, sein Verbrechen mit
Empfindungen der Reue zu gestehen, und ihn mit
Demuth um Vergebung zu bitten. Es war die
Stimme eines Hirten, der sein verirrtes Schaf
suchte; oder eines Vaters, der einem reuevollen
Sohne entgegen gieng.

Aber

Aber wollte nicht etwa Gott vielmehr durch
diese Worte das Unglück Adams zu erkennen geben, der durch das Schröckliche des Verbrechens,
das er begieng, sich dergestalt von ihm entfernet
hatte, daß er nicht einmal mehr wußte, wo er wäre?

Vielleicht wollte er zu ihm sagen: Adam,
wo bist du? wohin hat dein Ungehorsam dich
geleitet? Bist du nicht mehr in deiner ersten
Glückseligkeit? Wer hat dich in den Abgrund
des Elendes gestürzet? Wo ist die Ruhe deines
Geistes, die Sicherheit deiner Seele und der
Friede deines Gewissens? Wo sind die Wirkungen deiner Hoffnung, die Früchte deiner Forderun-
gen und die Versprechen der Schlange? Armer
Adam, unglücklicher Adam! wohin ists mit dir
gekommen? Welcher Güter, welcher Glückseligkeit, welcher Gnade bist du nicht beraubt? Du
hast die Ewigkeit des Lebens verloren; du bist
den Mühseligkeiten des Todes unterthan worden,
und dein Geist ist nichts mehr als ein Grab des
Irrthums.

Adam hatte sich unter eben dem Baume
verborgen, der die Ursache seines Unglückes war.
Gott suchet ihn also mit einer Art von Unruhe;
als wenn er sich nicht überzeugen könnte, daß
ein Mensch, so weise als Adam es seyn sollte, so

unver-

unvernünftig geworden sey, sich bey einem Baume
aufzuhalten, welcher die Veranlaffung des äußer-
ften Elendes war, in dem er sich befand. Er
glaubt sich selbst zu hintergehen, wenn es erlaubt
ift mehr zu reden, als er sieht, daß Adam sich unter dem Baume in Sicherheit zu stellen sucht, der
ihn der Gnade Gottes beraubet hat.

Oder vielmehr, wollte uns Gott zu verstehen
geben, daß die Sünde den Menschen dergestalt
verändert, daß sie ihn der Aehnlichkeit des Menschen beraubt. Obwohl also die göttliche Majestät den Adam gesehen; so unterläßt sie doch nicht,
ihm zu zweymalen zu rufen, gleichsam als ob sie.
ihn nicht kennte; um ihn zu belehren, daß die
Sünde ihn vor den Augen Gottes selbst un-
kennbar gemachet hätte.

Er rufet Adam, und nicht Even; entweder
weil, deffen Verbrechen neuer war, weil er erst
nach Even gesündigt hatte; oder weil er dem
Weibe nicht Gelegenheit geben wollte, in neue
Fehltritte zu fallen. Denn es ist den Perfonen
ihres Geschlechtes gewöhnlich, die Lüge zu gebrauchen, ihre Fehler zu entschuldigen. Er ruft aus
eben dieser Ursache die Schlange nicht; weil, da
sie zu Lügen gewohnt ist, sie nicht ermangelt haben würde, alles wegzuläugnen.

Adam

Adam erwiederte auf diese göttliche Stim=
me, die ihn rief: Herr, meine Naktheit zwang
mich, deine Gegenwart zu fliehen, und ich konnte
nicht ertragen, daß deine göttliche Majestät ihre
Augen auf einen Leib geworfen, den es mir zu
bedecken unmöglich gewesen ist.

Unglücklicher Adam! der mehr auf seine
Nacktheit als auf sein Verbrechen denkt, und der
es mehr beklagt, nackt zu seyn, als seinen Gott
beleidiget zu haben. Von ihm haben wir diese
unglückselige Schwäche ererbet, daß wir uns viel=
mehr über die Ungemächlichkeiten unsers Leibes,
oder über den Verlust unsers Glückes, als über
den Verlust der Güter des Himmels und über
die Beleidigungen beklagen, welche wir der gött=
lichen Majestät anthun.

Undankbarer! Antwortete ihm Gott, wer
kann dich deine Nacktheit erkennen gelehrt ha=
ben, wenn es nicht dein Ungehorsam ist? Bist
du nicht selbst der Urheber deines Elendes und
die Ursache deines Unglückes? du würdest dich
nicht schämen dürfen, dich vor den Augen desje=
nigen zu stellen, der dir das Daseyn gab, wofern
du nicht von der Frucht gekostet hättest, die dir
verboten war.

Gott,

Gott, gleichsam als wenn er nicht alle die Umstände der Sünde Adams wüßte, will die Wahrheit aus dem Munde des Verbrechers selbst vernehmen: woraus wir die wichtige Lehre ziehen sollen, daß, wenn man von den Vergehen anderer urtheilen, und ihre Fehler verdammen soll, man die Wahrheit mit viel Sorgfalt und Genauigkeit erforschen müssen, indem Gott selbst, der doch das Geheime des Herzens kennt, mit so großer Behutsamkeit dabey verfährt.

Seine göttliche Majestät wollte vielleicht auch dem Adam durch die Scham, welche ihm das Bekenntniß seines Verbrechens verursachte, Gelegenheit verschaffen, die Gnade zu verdienen, minder strenge bestrafet zu werden.

Adam, überzeugt, daß sein Schweigen seine Missethat nur vergrössern würde, und daß er es im Gegentheile vermindern könnte, wenn er sich darüber entschuldigte; anstatt durch Bitten und Thränen die Barmherzigkeit Gottes zu bewegen, sprach mit einer strafbaren Kühnheit zu ihm.

Ich habe ohne Absicht gesündiget, Herr, und bin durch die Zudringlichkeiten eines andern in meinen Irrthum hineingerissen worden. Wer mag der Stärke der Schönheit widerstehen? die

Be-

Verebungen derjenigen, welche du mir zur Ge=
sellschafterin gegeben, hatten so viel Macht über
meine Vernunft und meinen Geist, daß es mir
unmöglich war, über mich selbst zu gebieten.
Jene Hand, welche mir die Frucht reichte, war
eine Fessel, die mein Herz gebunden hielt; und
es dünkte mich, daß sie nur ausgestreckt wäre,
um mir mit ihrem Unwillen zu drohen, wenn
ich mich unterstehen würde, Widerstand zu thun.
Ich habe ein zu zärtliches Herz für sie. Wer
sich wider die Zudringlichkeiten des schönsten Ge=
genstandes, der aus deinen Händen gekommen,
vertheidigen kann, weis entweder nicht zu lieben,
oder ist nicht werth, geliebet zu werden. Wenn
das Verbrechen, worein mich mein Irrthum ge=
stürzt hat, groß ist, so kömmt es wenigstens nicht
von mir her; das Weib, das du mir zugegeben
hast, Herr, hat meinen Gehorsam verführt und
meine Treue bestochen. Alleine würde ich nie
gesündigt haben. Die böse Gesellschaft ist es,
welche den Hang zu den größten Verbrechen
giebt. Herr, laß deine Strafen und deine Vor=
würfe auf sie fallen. Das Weib allein ist schuld
an meiner Sünde: ich habe meinen Beyfall nicht
dazu hergegeben, und mein Herz, zugethan dem
Willen deiner höchsten Majestät, glaubte nicht,
wider die Gesetze seiner Pflicht zu handeln.

Vermeſſene Gedanken! ausgelaſſene Worte! würdige Früchte der Sünde des Menſchen, die ihn ſtets aufs Aeußerſte bringt. Adam hat nicht ſobald geſündiget, als er ſchon vermeſſen wird, alles verachtet; und ſollte man nicht ſagen, wenn man ihn reden hört, daß der Einſturz des Him= mels ſelbſt nicht im Stande iſt, in ihm Furcht zu erwecken.

Alleine betrachtet, ich bitte euch, wie ſehr das Intereſſe uns umändern kann. Dieſer Menſch, der ſich ſo eingenommen von ſeinem Weibe nann= te, der es ſein Herz und ſeine Seele hieß, und glaubte, derſelben nur ein ſchwaches Merkmal ſei= ner Liebe zu geben, wenn er ſie den geliebteſten Theil ſeiner ſelbſt nannte: dieſer Menſch, ſag ich, klaget ſie itzo vor dem Richterſtuhle der gött= lichen Gerechtigkeit an, und machet ſie allein zur Schuldigen aller ſeiner Verbrechen. Wenn es um die Entſchuldigung unſerer Miſſethaten zu thun iſt, dann verſchonen wir ſogar das nicht, was wir am meiſten lieben. Adam, der es nicht läug= nete, der Mitſchuldige vom Ungehorſame Evens zu ſeyn, kann ſich nicht entſchließen, der Geſell= ſchafter ihrer Strafen zu werden.

Die Sünde Adams hatte den höchſten Gip= fel der Bosheit erreicht, als er die Entſchuldi=

gung

gung und Vertheidigung zu dem Beifalle hinzu
fügte, den er seiner strafbaren Handlung gegeben
hatte. Denn er hatte nun sogar die Keckheit,
seinen Fehltritt auf seinen Schöpfer hinüberzu=
schieben, und ihn selbst als Ursache seines so
großen Ungehorsames anzugeben. Nichtsdestowe=
niger ließ Gott ihn noch immer die gewöhnliche
Wirkungen seiner Erbarmung erfahren, und wen=
det sich zu Even und spricht zu ihr:

O Weib, das ich erlesen hatte, die Gesell=
schafterin und der Trost des Menschen zu seyn,
warum bist du das Werkzeug seines Verderbens
geworden? Warum machtest du ihn in einen so
ungerechten Ungehorsam verfallen? Warum hast
du deinen Gatten hintergangen? und warum bist
du selbst deinem Gott ungehorsam worden? Eve,
ohne zu warten, bis Gott geendiget hatte, unter=
brach ihn und sagte: Herr, meine Einfalt ist durch
die Ränke der Schlange hinterlistet worden. Sie
wußte ihre Worte so treflich zu verkleistern, daß ich sie
nicht fähig glaubte, meine Einfalt zu verführen.
Ich konnte mich nicht überzeugen, daß es im
Paradiese Hinterlist geben sollte, und daß unter
dem Angesichte einer jungen Schöne Trug ver=
steckt wäre; auf die Schlange also, die Urheberin
des ganzen Unheils, muß deine Gerechtigkeit alle
ihre Strafen fallen lassen.

Das

Das Laster ist eine Bürde, welche alle und jede zu Boden drückt; glücklich! wer, um sich zu trösten, den Unschuldigen oder den Strafbaren damit beschweren kann.

Gott, der den Adam mit so viel Güte gerufen, der seine Vertheidigung und die Entschuldigungen Evens mit so viel Geduld angehört, hatte nicht sobald vernommen, daß die Schlange die Urheberin eines so großen Unheils wäre, als er plötzlich zur Rache eilet, ohne sie anzuhören.

Wie groß ist seine Zärtlichkeit gegen die Menschen! Er wendet alles an, ehe er sie bestrafet; allein, wenn es um die Bestrafung der Schlangen, das will sagen, der Teufel zu thun ist; so ist er ohne Erbarmen. Hieraus kann man lernen, daß die Menschen, die sich nicht ganz und gar ihren Sinnen überlassen und nicht allerdings die Vernunft verlieren, noch immer bey Gott die Wirkungen seines Wohlwollens finden. Die Schlangen hingegen, ich will sagen, die widerspenstigen Sünder, die unaufhörlich in dem Schlamme ihrer Laster kriechen, empfangen ihre Strafe, ehe man ihnen Zeit giebt, zu ihrer Vertheidigung zu reden. Der Mensch lerne also Mensch zu seyn und seine Vernunft zu behalten.

Nach=

Nachdem du die Urheberin der Uebertret=
tung meiner Gebote bist, sprach der Herr zu der
Schlange: nachdem du die Unschuld hintergan=
gen, dich der Ausübung meines Willens und mei=
ner Befehle entgegen gesetzt und die Verwegen=
heit gehabt hast, Hand an mein Ebenbild zu le=
gen, so verfluche ich dich unter allen Thieren der
Erde; du sollst für allezeit auf deinem Bauche
kriechen und sollst selbst deine eigene Last seyn.
Die Erde soll deine Nahrung werden, womit du
dich die ganze Zeit deines Lebens ernähren wirst;
das Weib wird eine tödtliche Abneigung für dich
haben und ihr Saame wird für immer dem Dei=
nigen feind seyn. Unter ihren Füssen wirst du
den Lohn deiner Trügereyen und deiner vergifte=
ten Bisse finden: denn, da sie dir den Kopf zer=
quetscht, wird sie dich des Lebens berauben.

Seht, wie die Mittel, welche zur Sünde
verleiten, Werkzeuge der Strafe der Sünde wer=
den. Die Schlange erhub sich, Even zu versuchen;
und itzt verurtheilt sie Gott, für allezeit auf der
Erde zu kriechen. Sie hatte durch tausend Ver=
sprechen die Freundschaft des Weibes gewonnen,
und itzt ist sie verdammt zu einer ewigen Feind=
schaft mit ihr.

Es ist nicht zu zweifeln, daß Gott unter
der

der Benennung der Schlange, den Teufel ver-
ſtanden habe, aber er nennt nur die Schlange,
um nicht noch mehr den Geiſt Adams und Evens
zu beunruhigen, welche bis itzt noch nicht wußten, daß es in dem irdiſchen Paradieſe noch andere immaterielle Geiſter gebe, als den Geiſt Gottes. Und es iſt eine Maxime der göttlichen Weisheit, denen, welche leichtgläubig zu Irrthümern
ſind, keine neue Gelegenheit zu geben, in dieſelben zu fallen.

Der Teufel wandelt auf ſeiner Bruſt und
auf ſeinem Bauche einher, um uns die zwey
Mittel vorzubilden, deren er ſich bedient, uns unſerer Unſchuld verluſtig zu machen, nämlich des
Stolzes und der Geilheit. Durch dieſe zwo un-
glückſeligen Leidenſchaften des obern und des untern Theiles des Geiſtes und des Leibes des Menſchen, erreget er und verdirbt unſere Neigungen
und machet uns in die Sünde fallen.

Er iſt verurtheilt, ſich von der Erde, das
will ſagen, von jenen irdiſchen Menſchen zu nähren, welche durch die Neigung, die ſie gegen die
Laſter der Erde haben, von der Erde ſelbſt un-
terſchieden geworden ſind.

Um den Teufel noch mehr zu beſtrafen,
                                                    dräut

dräut ihm Gott, indem er ihn verflucht, mit einer ewigen Feindschaft mit dem Weibe, entweder, um ihm vorzurücken, daß er sie nicht öffent-
lich, sondern nur durch List und Kunstgriffe über-
wunden; oder weil er erkannte, daß der Haß des
Weibes unversöhnlich seyn müßte.

Nachdem Gott die Schlange verflucht hatte,
wandte er sich zum Weibe und sprach zu ihr: Und
du, Weib! um dich deiner Leichtgläubigkeit wegen
zu strafen, und weil du andere zur Sünde geleitet hast, welche deine Begierlichkeit dich begehen
hieß; so will ich dein Elend und deine Leiden in
der Menge deiner Geburten vervielfältigen: du
sollst deine Kinder mit so lebhaften Schmerzen
ans Licht bringen, daß sie dich werden den Tod
wünschen machen; und du sollst dem Manne un-
terthänig seyn, der eine ewige Herrschaft über dich
ausüben wird.

Es war wohl billig, daß drey verschiedene
Sünden auch durch drey verschiedene Strafen ge-
ahndet werden mußten. Die allzu große Leichtgläubigkeit Evens ward durch die Vervielfälti-
gung ihrer Geburten; die Wollust ihres Mundes
durch den Schmerzen ihrer Eingeweide; ihr Stolz
und Herrschaft, die sie sich über ihren Mann an-
maßte, durch die Dienstbarkeit und den Gehorsam
gestrafet.

E

Es scheinet sonst, daß die große Zahl der
Kinder eine Ursache des Segens und des Glückes
in einer Familie sey; demungeachtet verheißt
Gott dieselbe als einen Fluch und eine Strafe;
weil die Schwangerschaften gewöhnlich mit viel
Schmerzen begleitet sind: unter so vielen Nie-
derkunften ist es beinahe unmöglich, daß sich nicht
auch gefährliche treffen, so wie es selten ist, daß
in einer großen Zahl von Kindern sich nicht
manches entweder an seinem Leibe, oder an seinem Geiste, oder an seinen Sitten unförmliches
befindet, welches den Aeltern zur Qual wird.
Setzet noch hinzu, daß die Sorgen und Unruhen
der Väter und Mütter nach dem Maaße zuneh-
men, als sie ihre Familien heran wachsen sehen.
Die Erziehung ihrer Kinder fällt ihnen beschwer-
lich, ihre Laster beunruhigen sie, ihr Unglück macht
sie bestürzt, und je fruchtbarer ein Weib ist, desto
unglücklicher ist sie.

Vielleicht wollte auch, aus einer entgegen-
gesetzten Ursache, die Barmherzigkeit Gottes die
Strenge seiner Gerechtigkeit mäßigen und selbst
strafend Even noch segnen, daß also eben der
Befehl, der sie zum Schmerzen der Geburt als
einer strengen Bestrafung, verurtheilt, ihr die
Fruchtbarkeit als einen Segen verheißt. — So sehr
ist es wahr, daß Gott auch mitten unter seinen
Züchtigungen noch Barmherzigkeit beweiset.

Es

Es ist wahr, daß die der Eve gedrohten Schmerzen den Weibern natürlich sind; aber Gott würde sie, mittels einer wunderbaren und übernatür-
lichen Macht, in dem Zustande der Unschuld,
gänzlich davon befreiet haben; denn nichts ist seiner Liebe unmöglich.

Nachdem Gott die Verurtheilung Evens
ausgesprochen; kam er zu jener des Adams. Er
liebte ihn sonder Zweifel mit einer zu großen
Liebe, als daß er sich hätte entschließen können,
ihn die ersten Wirkungen seines gerechten Zorns
empfinden zu lassen; oder vielleicht strafte er ihn,
ob sein Verbrechen schon aus allen das größte
war, deswegen zulezt, um ihn destomehr durch die
Furcht zu quälen, die ihm die Bestrafung der
andern verursachen mußte. Die Erwartung der
Strafe ist bisweilen eine größere Pein, als die
Strafe selbst; dieweil der, so das Urtheil seiner
Verdammung bekommen, sein schlimmes Schick-
sal schon kennt; jener aber, der es noch gewärti-
get, immer eine größere Bestrafung befürchtet.
Eine Seele, welche Leiden aussteht, findet sie
weder größer noch schröcklicher, als sie wirklich
sind; aber jene, die sie erst noch befürchtet, kann
sich dieselben unendlich fürchterlicher vorstellen.

Dieweil du den schmeichelhaften Beredungen
dei-

deines Weibes Gehör gegeben, sprach Gott zu Adam,
und von der Frucht gegessen. hast, die ich dir verboten hatte; so will ich, daß deine Arbeit, anstatt
die Erde zu bauen, derselbigen den Fluch zuziehe.
Du sollst gehalten seyn, alle die Tage deines Lebens mit dem Schweiße deines Angesichtes zu gewinnen; Dornen und Disteln werden die Felder
bedecken, und du wirst genöthigt seyn, Kräuter,
wie die Thiere zu essen. Endlich sollst du nur
durch Mühe und Arbeiten deine Nahrung finden.
Auch soll dein Elend nur mit deinem Leben sich
endigen: denn um dich deines Ungehorsames wegen zu strafen, so will ich, daß du zu deinem ersten Ursprunge zurücke kehrest; die Erde soll Erde,
und der Staub soll Staub seyn.

O wie undurchdringlich sind die Geheimnisse der göttlichen Barmherzigkeit! Adam sündiget; er ist ungehorsam gegen den Befehl Gottes;
und die göttliche Majestät, da sie das Urtheil seiner Verdammniß ausspricht, giebt ihren Fluch
über die Erde. Was thut nicht die Liebe? Hat
etwa die Erde zum Ungehorsame Adams beigetra-
gen? Durch welch ein Vergehen hat sie sich den
Unwillen Gottes zugezogen? Wenn Gott vielleicht
sie nicht deßwegen verflucht; weil sie ihre Abgründe nicht eröffnet, um den zu verschlingen, der seinem Schöpfer ungehorsam ward; oder weil er
wollte,

wollte, daß sie deswegen verflucht sey, weil sie der Schlange zur Nahrung dienen sollte.

Es ist noch immer eine Wirkung der göttlichen Güte, daß sie dem Adam das Ende seiner Leiden vor Augen setzet, indem sie ihm seinen Tod vorstellet, welcher die Gränze alles seines Elendes seyn sollte. Denn, obgleich der Tod eine Strafe der Sünde gewesen; so ist er demungeachtet nützlich und wohl gar nothwendig geworden; weil ohne ihn die Bosheit des Menschen kein Ende haben, und seine Leiden ohne Gränzen seyn würden. Es war also dem Menschen nothwendig zu sterben, damit die Furcht, das Leben zu verlieren, indem sie seinen Begierden einen Zaum anlegt, ihn verhinderte, sich dem Bösen zu überlassen, und ihn hingegen veranlaßte, das Gute zu thun. Wie gut ist Gott! Er thut wohl, auch da er straft.

Was würde der Mensch nicht wagen? was würde er nicht unternehmen, woferne der Tod nicht den Lauf seiner sinnlichen Begierden hemmte? Wenn er nur fürchtete, mit den Ruinen der Welt zu Grunde zu gehen; welche Gleichgültigkeit würde er nicht für den Tod der Seele und die ewige Verdammniß haben; da er schon, ob er gleich alle Augenblicke dem Tod unterworfen ist, doch

nicht

nicht unterläßt, sich mit Stolz und Ehrgeiz zu erfüllen. Seine Vermessenheit würde ihn sonder Zweifel zu noch etwas Auffallenderem verleiten, als sich zu unterwinden, Berge auf Berge zu thürmen, um den Himmel, wie auf einer Leiter, zu besteigen.

Der göttlichen Güte sey es demnach ewig gedankt, daß es ihr gefallen, die Seele von einer ewigen Verdammniß zu befreien, und sie aus dem Todesschlafe der Sünde zu erwecken, worinn sie auf ewig würde begraben worden seyn; — daß es ihr gefiel, sag ich, daß diese Masse von Fleisch verderbe und ein augenblicklicher Schmerz, eingeschränkt in ein kurzes Seufzen, den Menschen von Peinen einer Ewigkeit befreiete.

Sobald der höchste Herr der Welt das Urtheil gefället hatte, welches den Adam zu den Leiden verdammte, die seine Sünde verdiente; machte er entweder durch seine Allmacht, oder durch den Dienst der Engel, eine Kleidung von dem Felle einiger Thiere, um die Nacktheit dieser zweien Verbrecher damit zu bedecken, die sich in einer so großen Niedergeschlagenheit befanden, daß sie sogar nicht wußten, seine Barmherzigkeit anzuflehen und ihn um Vergebung ihres Verbrechens zu bitten.

Seht,

Seht, noch eine neue Probe der Güte Got-
tes. Er kann nicht dulden, daß die Sünder,
ob sie schon aus dem Paradiese verjagt sind, gänzlich der Hülfe seiner Vorsicht beraubet seyn:
er giebt, was ihnen nöthig ist, und er sorget selbst,
ihre Leiber zu bedecken. Seine Gnade ist der
Sonne ähnlich, die ihre Wärme und ihr Licht
auch über ihre Verächter verbreitet.

Die göttliche Gerechtigkeit hatte diese zwey
Unglückliche in einen so großen Jammer versetzt,
daß sie, ohne Kleidung, die Strenge der Jahrszeiten nicht würden ertragen, noch dasjenige haben bedecken können, was die Schamhaftigkeit
nicht erlaubet, unserm Blicke auszusetzen.

Die Kleider die Gott ihnen gab, waren von
dem Felle todter Thiere, um ihnen unaufhörlich
das Bild des Todes vor Augen zu stellen und sie
zu erinnern, daß sie unter einen ungestümmen
Himmel verwiesen wären, der sie, wie die übrigen Thiere, behandeln würde.

Und wer weis, ob Gott, da er unsern ersten Aeltern Kleider von Fellen gab, nicht den
Menschen die Art vorgeschrieben, wie sie sich künftighin kleiden sollten, und hiedurch jene Gattungen der Kleidungen verdammen wollte, welche

E 4   mehr

mehr der Pracht und Stolz, als eine anständige
Bequemlichkeitsliebe täglich erfindet?

Vielleicht wollte auch Gott uns zu verstehen
geben, wie blind diejenigen seyn, die in ihren
Bedürfnissen nicht zu ihm ihre Zuflucht nehmen;
denn Adam, so weise er auch war, hatte doch
nicht die Geschicklichkeit, sich ein zur Bedeckung
seines Leibes und zu seiner Verwahrung wider
das Ungemach der Witterung geschicktes Kleid zu
verfertigen, er, der sich von Blättern eins machte,
das nur sehr rauch und sehr unbequem war.

Nachdem Gott die Blöße Adams bedeckt
hatte, fieng er an mittels eines beißenden Scher=
zes seiner zu spotten. Adam, so sprach er zu
ihm, sieh, deine Hofnungen erfüllt und deine For=
derungen begränzt; sieh, wie du uns ähnlich ge=
worden bist; allmächtig, allweise, ganz voll von
Güte und Heiligkeit; sieh, wie du von deiner
Natur aus unsterblich bist, ohne jemanden ver=
bunden, ohne eines Dinges benöthiget zu seyn;
wie glücklich durch dich selbst! Endlich genießest
du einmal vollständig des Besitzes jener Wissen=
schaft des Guten und des Bösen, welche deine
Leichtgläubigkeit mit so viel Hitze dich wünschen
hieß. Mache dich also hinaus aus dem Para=
diese der Wollust, deinen Aufenthalt an dem Orte
dei=

deiner Geburt zu nehmen und jene Erde zu be=
bauen, aus welcher du gebildet worden bist.

Wenn Adam in dem Paradiese verblieben
wäre, ohne daß es ihm erlaubt gewesen, dessen
Wollüste zu kosten, würde er eine allzustrenge
Qual erduldet haben, denn es ist keine größere
Pein, als sich in der Mitte von Gütern befinden,
ohne derselben genießen zu dürfen. So aber be=
handelt ihn Gott mit seiner gewöhnlichen Güte,
indem er ihn aus einem so wollustreichem Orte
verstößt; und was konnte sonst seine göttliche
Majestät von einem Menschen erwarten, der so=
gar unter den Bäumen sich nicht im Gehorsame
erhalten konnte.

Da die Furcht vielmehr, als der Ungehor=
sam, den unglücklichen Adam unbeweglich ge=
macht hatte, nahm Gott ihn mit Gewalt hin=
weg und bestimmte ihm zum Aufenthalt einen
Ort, von dem er alle die Wollüste des Paradie=
ses überschauen konnte, damit, wenn er alle
Stunden den Verlust seiner Glückseligkeit erblickte,
seine Strafe dadurch nur desto empfindlicher und
seine Reue desto größer würde.

Da er ihn aber aus dem Paradiese ver=
jagte, so benimmt ihm Gott, aus einer Wirkung

E 5   sei=

seiner Barmherzigkeit, die Gelegenheit in die
Sünde zurückzufallen: denn nichts reizet mehr
zum Rückfalle als an einem Orte zu verbleiben,
wo wir gefallen sind. Die Gegenstände, die uns
das Andenken unserer Fehltritte erneuern, ent=
flammen unsere Begierden und reizen unsern
Willen neue Verbrechen zu begehen.

Es ist leichter zu begreifen als auszudrücken,
was der Zustand Adams gewesen, da er sich aus
dem Paradiese verstoßen sah. Die Thränen seiner
Augen und die Seufzer seines Herzens waren
nur die geringsten Merkmale seines Mißvergnü=
gens. Seine Gattin, ferne ihn zu trösten, ver=
doppelte nur seine Quaalen, nicht deswegen, weil
sie die Ursache seines Verlustes gewesen, sondern
wegen des Schmerzens, welchen er auch über die
gemeinschaftliche Betrübniß mit empfand.

Armer Adam, der du nicht einmal einen
ganzen Tag der Geschenke der Gnade Gottes ge=
nießen konntest! Seine Glückseligkeit dauerte
nicht eine Tageslänge. Früh um drey ward er
ins Paradies geführt, um sechs war er ungehor=
sam gegen seinen Gott und Abends war er aus
diesem Orte des Vergnügens verstoßen, so sehr
ist es wahr, daß die Glückseligkeit des Menschen
nur eine Glückseligkeit von einem Augenblicke ist.

Zum

Zum öftesten findet er seine Bahre in der Wiege und den Tod im Anfange seines Lebens.

Die Sonne gieng eben unter, als Adam aus dem Paradiese vertrieben ward, und zu eben der Zeit, da die Sünde ihre Finsternisse in seinem Geiste verbreitete, verloren unmerklich seine Augen das Licht des Tages. Ein Engel, bewafnet mit Eisen und Feuer, der den Eingang des Paradieses bewachte, verdoppelte seine Betrübniß und Furcht, indem er ihm mit einem Male die Hofnung benahm, wieder zu jenen Vergnügungen zurückkehren zu dürfen, die er verloren hatte und die ihm allein in seinem Schmerz trösten konnten.

Die göttliche Gerechtigkeit setzte diesen Engel, der ein Schwerd von Eisen und Feuer in der Hand hatte, vor die Thüre des Paradieses, um sowohl Menschen als Teufeln den Eingang in dasselbe zu verwehren. Und hiedurch wollte uns Gott erinnern, daß, um in den Himmel einzugehen, nun das Eisen und Feuer der Buße, die uns ein Priester, der durch diesen furchtbaren Engel vorgebildet wird, auflegt, nöthig sey: oder er wollte uns ein Sinnbild der Strafen des Reinigungsfeuers geben, welche durch diese geheimnißvolle Waffen vorgestellt werden; das Schwerd ist ein Bild der Strafe des Ver-

luftes

luſtes und das Feuer eine Vorſtellung der Strafe
des Sinnes.

Adam, nidergebeugt durch Betrübniß mit=
ten unter ſeinen Seufzen und Thränen, gab ſei=
nem Weibe den Namen Eve, welcher ſoviel als
das Leben bezeichnet, weil ſie die Mutter aller
Lebendigen ſeyn ſollte. Vielleicht ſtieß er, be=
klemmt durch ſeinen lebhaften Schmerz, jene
weinerlichen Töne aus, welche die Kinder hören
laſſen, wenn ſie zur Welt kommen, und drückte
dadurch den Namen des Weibes aus, welche die
Urſache ſeines Weinens war, und die das ganze
menſchliche Geſchlecht weinen machen ſollte. Wenn
wir nicht lieber ſagen wollen, daß er ſeine Gat=
tin mit dem Namen des Lebens nannte, weil, da
er auf allen Seiten Bilder des Todes erblickte,
er ſich durch jenes des Lebens zu tröſten ſuchte,
oder weil er es vielleicht, wie die Menſchen
unſrer Zeit machte, welche, da ſie immer den
Tod vor Augen haben, dennoch von nichts als
vom Leben ſprechen.

Obſchon der Schmerz Adams eben ſo groß
als gerecht war, ſo unterließ er doch nicht von
Zeit zu Zeit in den Armen ſeiner Gattin, die
nur allzuviel zu ſeinem Unfalle beytrug, einigen
Troſt zu ſuchen, um ſich denſelben zu verſüßen,
und

und es ist wahrscheinlich, daß sie ihnr bisweilen folgende Empfindungen einflößte.

Adam, man muß zwar Reue fühlen, aber nicht verzweifeln, die Fortdauer unserer Thränen, welche vielmehr eine niedrige Traurigkeit, als eine wahre Reue anzeigen müßten, würde endlich die göttliche Gerechtigkeit reizen, die uns mit so viel Erbarmung behandelt, und die uns für so viele Fehltritte dennoch nur zu so geringen Leiden verurtheilet hat. Der, welcher nicht Stärke genug besitzt, die Strafe zu tragen, mag sich in Acht nehmen, in Vergehungen zu fallen, die bestrafet zu werden verdienen.

Es ist wahr, daß, wenn wir unser ganzes Leben durchweinen, und unsere Seele, so zu reden, in Thränen zerschmelzen würde, dieses doch nichts helfen würden, unser Verbrechen abzubüssen. Da nun aber unser Unglück ohne Rettung ist; so muß man es wenigstens mit Standhaftigkeit ertragen. Laß uns suchen, mittels einer fruchtbaren Nachkommenschaft, wieder zu erlangen, was wir verloren haben. Es ist dieß zwar ein schwacher und flüchtiger Trost für große Uebel, nichtsdestoweniger ist er nothwendig, nachdem es Gott also geordnet hat. Laß uns hüten, ein zweites mal ungehorsam zu seyn; unser Ungehorsam wäre ohne

ohne Entschuldigung; er würde die göttliche Barm=
herzigkeit empören, und wir würden für allzeit der
Gegenstand seines nur allzugerechten Unwillens
seyn. Laßt uns dem Willen des Himmels folgen,
indem wir die Fortpflanzung des ganzen mensch=
lichen Geschlechtes besorgen. Das ist das Mit=
tel den Tod zu überwinden, der einst über unser
Fleisch triumphiren wird; da wir, Trotz seiner,
in der Person unserer Kinder und unserer Enkeln
und in dem Gedächtnisse der gesammten Nachkom=
menschaft leben werden. Ich sage nicht, daß wir
deßwegen ganz und gar unsere Thränen vertrock=
nen lassen sollen. Der Gram, meinen Gott belei=
diget zu haben, wird sich nur mit meinem Leben
endigen, und mein Herz, so dieses zuerst verlassen
muß, wird meinen Schmerz nicht überleben. Al=
leine wir müssen auch besorgt seyn, nicht durch
eine neue Beleidigung diesen Gott zu reitzen, der
uns so gütig behandelt hat. Es würde hierinnen
nicht weniger Gottlosigkeit als Gefahr für uns seyn.

Lächelnd erwiederte ihr hierauf Adam: Ich
werde nimmermehr befürchten, daß deine Gesell=
schaft mir gefährlich sey, da du mich nur zum
Guten anreizest. Es ist wahr, ich würde unem=
pfindlicher, als die Pflanzen, und härter, wie die
Felsen seyn, wenn ich das Elend nicht beweinen
sollte, worein mich die Sünde geführet hat. Ich
habe

habe zuviel verloren, als daß ich nicht immer weinen sollte. Das heißt, mehr dumm als weise seyn, wenn man bey großem Verluste nicht den äussersten Schmerzen empfindet. Allein, es ist auch billig, unsern Uebeln einige Linderung zu verschaffen, unsere unter die Last unserer Bestürzung gebeugte Sinne ein wenig zu erquicken und aus Gehorsam gegen Gott die Natur zu bevölkern.

Adam, seine Worte mit Liebkosungen verbindend, überließ darauf seine Seele den Vergnügungen und vergaß auf eine Zeit, in den Armen seiner Gattin, den traurigen Vorwurf seines Schmerzens.

Bis itzt hatten Adam und Eve ihre Leiber in einer großen Reinigkeit erhalten, um uns zu belehren, daß der Ehestand die Erde, und die Jungferschaft das Paradies bevölkern sollte.

Eve verweilte nicht lange, in den mannigfaltigen Unbequemlichkeiten einer beschwerlichen Schwangerschaft die Wirkungen der Sünde zu fühlen. Ich will hier nicht den verdrüßlichen Zustand beschreiben, in dem sie damals lebte; ihre Abneigung gegen gewisse Dinge, ihre seltsame Lüsternheit nach andern, ihre Eckel, ihr Wachen, ihre Unruhen, ihre Qualen eine so wenig gewöhnte

Bürde

Bürde zu tragen; lauter Unbequemlichkeiten, die
mehr ihrer Neuheit als selbst des Schmerzens
wegen unerträglich waren. Alles, was ich hievon sagen könnte, wäre viel zu wenig gegen das,
so sie selbst empfand. Ich überlasse also eurer
Einbildungskraft die Mühe euch vorzustellen, die
Adam neben ihr erduldete: denn wenn es überhaupt schon eine Qual ist, ein Weib zu haben; so
kann man sagen, es sey eine Art von Marter,
mit einem schwangern Weibe zu leben.

Nachdem sie endlich alle das Elend, welches
insgemein die Schwangerschaft der Weiber begleitet, erduldet hatte, kam Eve mit einem Sohne
und einer Tochter nieder. Adam, der den Dienst
eines Ehegatten, einer Amme und Wärterin
machte, nahm sie in seine Arme auf, und gab den
Namen Kain dem Sohne und den Namen Kala-
mana der Tochter.

Freudenthränen vergoß er bey dem Anblicke dieser zwey Kinder, und weil er erkannte,
daß dieß eine Frucht des Segens seines Schöpfers wäre, so fieng er an, ihn zu loben und
ihm also zu danken:

Ich danke dir, Herr, aus allen Kräften meiner Seele, daß deine unendliche Güte, ohne Rück-

sicht

ſicht auf die Gröſe meiner Vergehungen, mir heute zwey Kinder gewähret hat. Wie barm= herzig biſt du, wie biſt du groß! wie gütig und ruhmwürdig, da du diejenigen ſogar, die dich beleidiget haben, mit Wohlthaten überhäufeſt! Ich weis, daß ich verdient habe, der Gegenſtand des Haſſes von Himmel und Erde, der Unwille aller Geſchöpfe zu ſeyn, vergraben in meine ei= gene Niedrigkeit und in den Finſterniſſen eines ewigen Vergeſſens. Aber, ſtatt mich mit Strenge zu behandeln, willſt du ſogar, daß die Elemente mir dienen, daß ich der Vater des ganzen menſch= lichen Geſchlechtes werde, und daß ich mit Ruhme in dem Andenken aller Jahrhunderte lebe. Ich werde hier nicht alle deine Gnaden erzählen, o Herr; denn ihre Zahl iſt unendlich. Ich bitte nur allein, daß du mit deinem Bey= ſtande gegen mich fortfahren wolleſt, damit, wenn ich meiner eigenen Leitung überlaſſen bin, ich nicht in Vergehungen falle, durch die ich den Tod verdiente.

Eve hat in der Folge auch Abel und Deb= bora, welche die Freude Adams noch mehr ver= mehrten, gebohren. Die Kinder ſind in Wahrheit die Luſt der Väter, welche ihre Jugend und ihr Leben in dieſen zarten Theilen ihrer Selbſt, ſich erneuern ſehen.

F

Adam

Adam hatte nichtsdestoweniger nicht viel Ursache, sich zu erfreuen, da er seine Kinder zu alle dem Elende der menschlichen Natur gebohren werden sah; woferne nicht das für ihn ein Trost gewesen wäre, Mitgenossen seiner Leiden zu haben. Abel ward von seiner Kindheit an bestimmt, die Heerde zu hüten, und Kain die Erde zu bebauen; denn ein Vater soll seine Kinder nicht ohne Beschäftigung lassen. Mit der Jugend verhält sichs, wie mit dem Wachse, welches fähig ist, jede Art von Eindrücken gleichgültig anzunehmen. Wenn man ihr keine nützliche Uebung verschaffet, so wird sie entweder in ihrem Betragen ausschweiffen, oder sich im Müßiggange zu Grunde richten, da hingegen die Uebungen, welche man in einem zarten Alter erlernet, gleichsam zur Natur werden, und weder Mühe noch Unruhe verursachen.

Inzwischen sah sich Adam von Tage zu Tage durch abmattende Arbeit niedergedrückt, die ihm die Bebauung der Erde verursachte, welche seinen Bedürfnissen, nur wenn sie angebauet wurde, zu statten kam. Sie war keiner Herrschaft nun nicht mehr unterworfen, und er war gezwungen, sie durch tausend verdoppelte Stösse und durch reichliche Verschüttung des Samens zu ihrer Fruchtbarkeit zurücke zu führen. Seine

Aern-

Aernten mußte er mit äusserster Arbeit und Mühe erwerben, da Schar und Pflug, nebst andern Werkzeugen des Ackerbaues, welche die Emsigkeit der Menschen unterstützen, noch nicht erfunden waren.

War es nicht etwas auffallendes, zu sehen, daß der erste Monarch der Welt, um sein Leben zu erhalten, verbunden war, sich mit so mühsamen Beschäftigungen abzugeben; — ich würde sogar sagen, mit so niedrigen Arbeiten, wenn sie nicht durch so viel große Leute, welche das Diadem trugen, geehrt worden wären.

Adam begnügte sich nicht blos zu empfangen, was ihm die Erde mit Wucher zurücke gab: er war auch bemüht, die unfruchtbarsten Bäume fruchtbar und die geschmacklosesten Früchte schmackhaft zu machen. Hier verpflanzte er einen Wildstamm, dort impfete er eine Art auf eine andere und bisweilen mehrere auf dem nämlichen Stamm.

Die Nothwendigkeit hatte anfangs den nun armen Adam gezwungen, sich in eine Höhle zu verschliefen, einen niedrigen und traurigen Pallast der Natur: und eben diese Nothwendigkeit flößte ihm den Gedanken ein und gab ihm das Mittel an die Hand, einige kleine Häuser zu bauen, wel-

che

che das Bedürfniß und der Fleiß täglich vermehret haben. Es ist sogar wahrscheinlich, daß er
von den Schwalben die erste Art der Baukunst
erlernet habe. Eine große Beschämung für Adam,
der, mit so viel Weisheit bereichert, sich gezwungen sieht, von unvernünftigen Thieren die Mittel
zu erlernen, sich vor dem Ungemache der Witterung in Sicherheit zu setzen.

Er gieng auch auf die Jagd, um sich von
einer größern Arbeit zu erholen, und er verband
mit den Vergnügen Waldthiere fliehen zu sehen
und zu fangen, den Nutzen, den Leib zu üben,
und aus den Häuten der Thiere sich Kleider zu
machen.

Gewiß, es giebt keine angenehmere und für
den Menschen, der doch auch sein Leben durch einen anständigen Zeitvertreib versüßen muß, wür-
digere Beschäftigung als die Jagd. Der Muth
bildet sich in dieser eines Königs würdigen Unterhaltung; der Leib gewöhnt sich zu Mühe und
Arbeit, das Herz zu Gefahren und die Hand zum
Streit und zum Siege. Die Jagd ist endlich ein
Krieg mitten im Frieden, und der, so darinnen
triumphirt, verdient um so mehr Ruhm, je gerechter es ist, über Thiere, als über Menschen zu
triumphiren.

Nach-

Nachdem Adams beide Söhne Abel und Kain die Jahre erreicht hatten, wo der Verstand allmählig sich zu entwickeln anfängt, gab ihnen Adam für ihre künftige Bestimmung folgende Lehren.

Meine Kinder, ob ich wohl weis, daß schon das Licht der Vernunft und Natur euch die Kenntniß eines einzigen Gottes des Herrn und Erschaffers aller Dinge giebt, und euch lehrt, ihn mit aller Hochachtung zu verehren, deren ihr fähig seyd, auch euch befiehlt, ihn mit innerlichen Regungen des Herzens und äusserlichen Zeichen der Verehrung anzubethen: so fühle ich mich doch verbunden, meiner Pflicht ein Genüge zu thun, und als ein Kind Gottes und als euer Vater euch den Unterricht zu geben, den ihr nöthig haben dürftet. Meine Kinder, dienet Gott, da ihr ihn als euern Wohlthäter erkannt habt, liebet ihn, um seine Liebe zu erwiedern, und bleibt ihm zum Wohl euers Wesens und zum Heil eurer Seelen immer getreu. Es ist eine Undankbarkeit gegen jedes Wesen, das Gute, so man empfängt, nicht zu erkennen; aber gegen Gott, der uns mit so viel Wohlthaten überhäuft, ist es Gottlosigkeit. Die Verachtung des Dankes gegen die, welche nicht mehr als wir sind, zieht uns ihre Feindschaft zu. Denkt euch nun, was die

Ver-

Verachtung des Dankes gegen ein höheres Wesen und einen Gott wirken muß, dessen Macht dem Willen gleichkömmt. Hütet euch, meine lieben Kinder, den Zorn seiner göttlichen Majestät durch seiner Gnaden Verachtung euch zuziehen. Er ist schröcklich dieser göttliche Zorn; glaubet es einem Vater, der eine traurige Erfahrung davon gemacht hat, lernet aus meinem Unglücke, wenn ihr weise seid, dem eurigen vorzubauen. Es ist die Wirkung einer vollendeten Klugheit, in dem Falle eines andern die Mittel zu finden, wodurch man verhindert, nicht selbst zu fallen. Gott ist euer Herr, euer König, euer Monarch, und ihr könnet nichts hoffen als von ihm. Suchet also, seine höchste Herrschaft zu erkennen, und durch das Opfer der ersten Früchte eures Fleißes ihm eure Abhängigkeit zu bezeugen. Opfert ihm die Erstlinge von euern Früchten und die ersten Lämmer von Schäferey. Er wird euer Vermögen vervielfältigen und den Thau seines Segens über euch fallen lassen. Glaubet mir, meine Kinder, ohne den Willen und die Barmherzigkeit Gottes ist es nicht möglich, Dinge, welche schädlich sind, zu vermeiden und Güter, welche wir wünschen, zu erhalten, noch zu jener Ewigkeit des Lebens, welche uns in der höchsten Seligkeit verheißen ist, zu gelangen. Ich hab euch dieses gesagt, meine Kinder, nicht als ob ich an euern guten Gesinnun-

gen

gen-zweifle, fondern um jenem Verlangen ein Ge-
nüge zu thun, welches ich habe, euer Wohl und
die Ehre meines Gottes zu beforgen.

Ohngefähr durch diefe und dergleichen Un-
terredungen unterrichtete Adam feine Kinder, welche auch, eingedenk der Ermahnungen und der
Gebote ihres Vaters, die göttliche Majeftät mit
aller möglichen Unterwürfigkeit anbetheten. Alleine, die Bosheit des Teufels, der fein Gift über
die heiligften Handlungen ausgießt, vergiftete
auch diefe Opfer, und fie mußten die traurige
Veranlaffung werden, daß die Erde mit dem erften Menfchenblute befleckct ward.

Gott hatte an dem Opfer Abels Vergnügen
gefunden, weil, da er die fetteften Erftlinge aus
feiner Heerde genommen, er mit diefen Schlacht-
opfern jenes feines Herzens verband; das Opfer
aber, welches ihm Kain von den Früchten der
Erde machte, war feinen Augen nicht angenehm.
Dieß war Urfache, daß er wider feinen Bruder
einen Neid faßte, der ihn graufam zermarterte.

Es ift ein feltfames Uebel um den Neid.
Eine Seele, welche nicht Stärke genug hat, fei-
nen Reizungen zu widerftehen, verliert alfogleich
Verftand und Vernunft. Er ift eine Schlange,

F 4   deren

deren Gift die Menschen in einen tödtlichen To-
desschlaf versenket. Er ist ein so unglückliches
Laster, daß er die Qualen von tausend Höllen in
den Busen der Neidischen übersetzt. — Das Opfer
Kains, der die Früchte der Erde opfert, gefällt
Gott nicht; um uns zu lehren, daß die Dinge,
welche von der Erde kommen und die die Welt-
leute beschäftigen, seiner göttlichen Majestät nicht
angenehm sind. Dieses Verhalten Gottes, be-
merkt es uns nicht auch die Abneigung, welche
er gegen den Geiz hat, dessen Gegenstand in dem
Schooße der Erde eingeschlossen ist? Diese Erde,
sollte sie ihm nicht verfluchenswürdig geworden
seyn; weil sie uns seine Schätze verbirgt, und
sollte es nicht aus dieser Ursache geschehen, daß
er das Opfer verwirft, welches sie hervorbringt?
Aber vielmehr, er will ihre Früchte nicht, weil sie
einmal seinen Fluch und seine Ungnade davon ge-
tragen hat. Was könnet ihr also von euren Ge-
betzen und Opfern erwarten, ihr Sünder! ihr,
die ihr durch eure Verbrechen so oft seinen Zorn
und Unwillen verdient habt?

Man sieht in den heiligen Schriften nicht,
daß Adam jemals Opfer dargebracht habe; entweder, weil es nicht vernünftig war, daß man in
jenem, der der Ursprung der Sünde war, die
Quelle der Heiligkeit finden sollte; oder weil Gottes

tesdienst an sich selbst schon etwas natürliches ist,
und die heilige Schrift sich nicht damit abgiebt,
Dinge zu erzählen, welche nichts merkwürdiges
enthalten.

Kain indessen, grausam gefoltert vom Neis
de, der schon wie eine Höllenfurie, einen tödtlichen Haß wider seinen Bruder in seinem Herzen hervorgebracht hatte, konnte in sich selbst keine Ruhe mehr finden. Sein glühendes Angesicht
verrieth zur Genüge die Hitze seines gewaltigen
Feuers, das in seiner Seele loderte: denn mit
dem Neide verhält sichs wie mit dem elementa-
rischen Feuer, welches stets in Thätigkeit ist. Seine Augen, welche er beständig zur Erde niedergeschlagen hielt, bezeugten genugsam, daß er grausame Absichten im Sinne führte.

Eines Tages wollte ihm Gott selbst dieser
Leidenschaft wegen Warnungen geben.

Kain! so sprach er zu ihm, woher dieser
Gram, der dich verzehrt? Was bedeutet diese
blasse Farbe deines Angesichtes? Warum sind
deine Augen zur Erde geschlagen? Weißt du nicht,
daß der, welcher nur auf die Erde blickt, nichts
als irdische Dinge sieht? Wenn der Haß dein
Herz zu einem verfluchenswürdigen Verbrechen be-

F 5   stimmt;

stimmt; so betrachte, daß wenn es einmal ein Sklave dieser grausamen Leidenschaft wird, diese nicht unterlassen wird, so blind sie auch ist, die Größe deiner Sünde dir unaufhörlich vor Augen zu stellen, dein Gewissen zu foltern, und in deinem Herzen Strafen zu bereiten, welche sie dich wird verdienen gemacht haben. Das Gute kann nur Gutes hervorbringen; gleichwie alle Uebel nur von dem Uebel selbst entspringen. Wer immer sündiget, verliert die Vernunft und tritt aus der Freiheit in die Sklaverey, und welches Unglück ist größer, als ein Sklave des Lasters und der Sünde zu seyn.

Diese heiligen Vorstellungen waren ohne Frucht: der meineidige Kain hatte sein Angesicht zur Erde gewandt, und die, welche nicht zu Gott aufblicken, machen sich selten die Erinnerungen zu Nutzen, die er ihnen ertheilt. Man muß gen Himmel blicken, wenn man Hülfe von ihm erhalten will. Es ist beinahe unmöglich, daß ein Mensch, der seine Augen und sein Herz zu Gott erhebt, sich jemal der Sünde überläßt.

Da nun Kain die Anfälle seines Hasses und seines Neides nicht mehr aushalten konnte, lud er seinen Bruder ein, auf ein unfruchtbares Feld zu spatzieren, welchem man nachmals den Namen

men des Damaszener Feldes gab, d, i. mit Blute
vermischet.

Er führte seinen Bruder auf ein unfruchtbares Land, weil, da er einen Brudermord begehen wollte, er keinen Ort wählen konnte, der
für ein so schröckliches Vorhaben schicklicher
wäre, als der, den die Natur ihrer Geschenke beraubet hatte, gleichsam als hätte sie vorgesehen
daß er einem so blutigen Trauerspiele zur Schau-
bühne dienen müßte. Um seine barbarische Handlung desto besser zu verhüllen, glaubte er, daß er
so gar auch die Bäume und die Früchte der Erde
nicht zu Zeugen haben dürfte, weil er sich nicht
vorstellen konnte, daß ein unschuldiges Blut ermangeln würde, die göttliche Gerechtigkeit anzuflehen.

Gott ließ nicht zu, daß Kain seinen Bruder in seiner eigenen Wohnung todt schlüge; weil
sie in der Form eines Tempels gebauet war: uns
dadurch zu unterrichten, wie groß die Ehrer-
biethung seyn muß, welche wir gegen heilige
Orte haben sollen; weil er nicht zulassen wollte,
daß sie durch den gottlosesten und lasterhaftesten
unter allen Sündern beflecket würden.

Nachdem nun Kain, vom Zorne hingerissen,
an

an der Stätte angekommen war, fieng er an,
mit seinem Bruder folgende gottlose Unterredung zu
halten: Gewiß, es giebt weder Richter noch Gerechtigkeit; und man betrügt sich, wenn man
glaubt, daß die Gerechten belohnet und die Gottlosen gestrafet werden. Die Barmherzigkeit Gottes hat die Welt nicht geschaffen und seine Vorsicht regiert sie nicht. Eine eitle Furcht ist es,
welche den Wahn dem Geiste des Menschen bey-
gebracht hat, daß es einen allmächtigen Gott
gebe. Ich für meinen Theil will nichts davon
glauben, weil es unmöglich ist. Ein Zufall der
Natur, dergleichen die Ursache unsers Leben ist,
verdienet keine Anbethungen, das Ohngefähr lei-
tet und regirt alle Dinge, und durch dieses sind
deine Opfer den Meinigen vorgezogen worden.

Abel konnte so schröckliche Gotteslästerungen
nicht anhören, ohne von Schröcken eingenommen
zu werden, und der Eifer, den er für die Ehre
Gottes hatte, die wir auch mit Gefahr unsers Lebens vertheidigen müssen, verband ihn, dem Frev-
ler also zu antworten.

Du redest, mein Bruder, so sprach er zu
ihm, wider alle Vernunft, wenn du, wie du itzt
thatst, die Weisheit, die Güte, die Gerechtigkeit
und die Allmacht Gottes läugnest. Meine Opfer
waren

waren seiner göttlichen Majestät angenehm, weil ich ihm mein Herz geopfert habe. Wenn du diese gottlosen Gesinnungen nicht ablegest, so kündige ich dir meine Freundschaft auf, und ich erkenne dich für meinen Bruder nicht mehr.

Noch hatte er diese letztern Worte nicht vollendet, als er, von dem Verräther Kain niedergeschlagen, unter der Menge seiner Streiche elend sein Leben aushauchen mußte.

Treuloser Kain! der du von dir selbst ein Verbrechen lernest, das noch der Menschheit unbekannt war, und welches vielleicht die Gottlosigkeit selbst sich nicht würde unterstanden haben, in die Welt einzuführen. Man braucht Lehrer, um die Tugenden zu erlernen, und auch da erlangen wir sie nur mit Mühe: die Laster aber lernen wir von uns selbst; sie werden mit uns gebohren, oder unsere Bösartigkeit bringt sie hervor.

Kain der Barbar blieb unbeweglich, als er seinen Bruder todt erblickte: entweder, weil dieser Anblick ihm Abscheu erweckte, oder weil, da er vorhin noch keinen todten Körper jemals gesehen, die Neuheit des Gegenstandes ihn mit Entsetzen erfüllte. Große Verbrechen machen sogar die zurückschaudern, welche sie begehen; und

unsre

unfre Augen haben oft Abſcheu vor den Laſter=
thaten die unſre Hand verübt hat. Nachdem er
dieſen Leib auf alle Seiten gewandt, nachdem er
mehrmalen die Hände und das Haupt dieſes blu=
tigen Leichnames beweget, gleichſam als ob er an
ſeinem Tode zweifelte; oder weil die Furcht,
welche unglaubliche Dinge glauben machet, ihn
ſeine Wiederaufſtehung hoffen ließ; ward er end=
lich durch die traurige Wirkung ſeines Verbre=
chens überzeugt und ſprach alſo zu ſich ſelbſt.

Triumphire nun, mein Herz, und genieß
eines Sieges, den dein Feind dir nimmermehr
wird ſtreitig machen können. Niemanden werde
ich mehr über mich haben, der mir meine Ehre
und meinen Ruhm rauben ſoll. Meine Seele
verdienet nicht, durch töbliche Beunruhigungen
eines niederträchtigen Neides gemartert zu wer=
den. Der Neid iſt immer ein Beweis von Un=
terwürfigkeit, und gleichwie ich meinem Bruder
nicht unterworfen ſeyn wollte, ſo hab' ich auch
Urſache gehabt, ihn zu tödten; weil er dieſe
Leidenſchaft in meiner Seele erregte. Meine
Handlung iſt um ſo gerechter, als er durch
beißende und beleidigende Worte meinen Zorn
aufgefordert hat. Sein unbeſcheidener Eifer mag
ihn alſo erwecken, und ſeine Opfer, mit denen
er groß that, ihm das Leben zurückgeben.

Alleine,

Allein, da die Vernunft in kurzer Zeit die Stelle des Zornes wieder einnahm, fieng der unglückliche Kain an, seinen Irrthum zu erkennen. Es zeigte sich seinen Augen kein Gegenstand, der ihm nicht seine Treulosigkeit und seine Verbrechen vorgerückt hätte. Die Furcht vor dem gerechten Grimme Gottes und die Vorwürfe seiner Aeltern vermehrten mit neuen Schröcken diejenigen, welche ihm sein Gewissen machte. Er gräbt eine Grube aus und bedeckt den Leib seines todten Bruders mit Erde; gleichsam als ob er mit diesem Leichname seine Missethat vergraben wollte.

Kaum hatte er das Opfer seiner Gottlosigkeit mit Erde bedecket, eine Handlung, die unter andern Verhältnissen eine fromme Handlung gewesen wäre, als Gott ihn fragte, wo sein Bruder Abel sey. O Gott, voll Güte und Erbarmung! du kömmst den Sündern zuvor, fragst sie, damit, wenn sie in sich zurückkehren, sie ihre Verbrechen erkennen und um Vergebung dich bitten.

Gott will, die Menschen sollen ihre Sünden bekennen, weil das Bekenntniß ein großer Theil der Buße ist, und weil er die Gelegenheit sucht, seine Güte zu üben und die Schätze

seiner

feiner Barmherzigkeit zu eröfnen. Gleichwie die
Hartnäckigkeit der Sünder, die ihre Verbrechen
läugnen, die Nachsicht der Richter selbst ent-
rüstet, so besänftiget die Scham eines aufrich-
tigen Geständnißes ihre Strenge.

Alleine die, welche große Verbrechen verwir-
ken, zwingen sich immer, dieselben zu verhelen;
und wann sie schon das Blut der Unschuldigen
an ihren Händen haben, so ermangeln sie doch
niemal, die Lüge im Munde zu führen. Der gottlose und grausame Kain, welcher die Lüge mit
der Unmenschlichkeit paarte, erwiederte der göttlichen Majestät: Was weis ich, wo mein Bruder
ist? Bin ich etwa sein Hüter? Was unterstehst
du dich zu läugnen, Lasterhafter! versetzte ihm
Gott; das Blut deines Bruders fordert Rache
von mir wegen deiner verfluchenswürdigen und
unerhörten Gottlosigkeit. Geh hin, Meineidiger!
ich gebe dir meinen Fluch. Du sollst flüchtig und
umherirrend auf der Erde seyn, welche, weil du
sie durch das Opfer deiner Hände verunreiniget
hast, dir ihre Früchte verweigern wird.

Kain, mit Schande und Furcht bedeckt, ge-
steht sein Verbrechen, aber zu spät und folglich
mit wenigem Nutzen. Er zieht sich also mit
seinem Weibe und seinen Kindern zurücke, und
der

da ihn Gott, unter seine Bedeckung nehmen will,
damit er nicht getödtet würde, gab er ihm zum
Zeichen beständig mit dem Kopfe zu wackeln.
Es war billig, daß er mit diesem Kopfzittern
denjenigen bezeichnete, der die Keckheit hatte,
das Haupt der Kirche zu tödten.

Vielleicht ließ Gott zu, daß Abel durch die
Hände seines Bruders starb, um den Adam zu
bestrafen; zumal da nichts fähiger ist, einen Vater zu betrüben, als der Tod und die Gottlosigkeit seiner Kinder: oder um die Menschen zu belehren, daß die Gerechten und Kinder Gottes der
Verfolgung und Grausamkeit der Gottlosen unterworfen sind.

Adam, als er den Tod Abels durch die
Flucht Kains entdeckt: denn wer flieht, läßt vermuthen, daß er der Schuldige sey, Adam nachdem er die Luft mit seinem Klaggeschreye erfüllet, nachdem er tausend Seufzer ausgestoßen und
einen Strom von Thränen verschüttet, wendet
sich zu Gott und richtet seine Worte zu ihm, die
der Schmerz ihm in den Mund gab.

Herr, meine Sünde, hat noch nicht alle
die Strafen empfangen, die sie verdienet hat?
Hab' ich neue Quaalen zu leiden, um das Laster

G   mei-

meines Ungehorsames zu büssen? Ist es möglich,
daß meine Thränen von deiner Barmherzigkeit
noch keinen vollkommenen Nachlaß haben erhal=
ten können? Wenn dieß ist, mein Gott, warum
athme ich noch? warum sehe ich das Licht des
Tages? warum hat mich die Erde noch nicht in
ihren Abgründen begraben? warum hat mich der
Donner des Himmels nicht in Staub zermal=
met? mangelt es etwa deiner Gerechtigkeit an
Strafen? Ist deine Hand ohne Waffen? Aber
wenn meine Buße meine Sünde nicht auslö=
schen? wenn sie nicht das Siegel auf die Verge=
bung meiner Verbrechen drücken kann, wenn diese
mich deiner unendlichen Barmherzigkeit unwürdig
gemacht haben, und wenn die Uebermaaß meiner
Ungerechtigkeiten sich dergestalt deiner Gnade
entgegen setzet, daß ich niemals der Gegenstand
deiner Güte seyn kann — warum muß ein armer
schuldloser Sohn an den Strafen der Verirrun=
gen eines lasterhaften Vaters Antheil neh=
men? Worinnen ist er schuldig geworden, dieser
Abel, dessen Opfer die Ehre gehabt haben, deiner
göttlichen Majestät zu gefallen? Wohin seh' ich
mich armseligen gebracht? Mein Zustand ist
schlimmer als jener der Thiere. Diese unvernünf=
tige Thiere schonen ihr eigenes Blut, und durch
den Trieb, den die Natur ihnen giebt, verschonen
sie nicht nur ihre Brüder, sondern auch alle die,

so

so von ihrer Art sind. Meineidiger Adam, dieß
sind hier die Wirkungen deiner Sünde. Laß nicht
zu, o mein Gott, daß meine Nachkommen die
Welt bevölkern. Von einer verdorbenen Wurzel können nur böse Bäume erwachsen. Und du,
der du deine Hände verfluchenswürdig gemacht
hast; weil du sie in das Blut eines so guten
Bruders getaucht hast, dessen du so unwürdig
warst, gottloser Kain, was soll aus dir werden?
Gehasset von Gott, von den Menschen und von
dir selbst, was wirst du thun? Wohin wirst du
gehen? Armer Vater! zu gleicher Zeit zweyer
Söhne beraubt und gezwungen, vielmehr diesen,
der noch lebt, als jenen, den er verlohren hat,
zu beweinen.

Adam hätte hier noch nicht seine Klagen
geendiget, woferne das Geschrey Evens, vermögend die Felsen zu erweichen, ihn nicht gezwungen hätte, sich zu ihr zu wenden, um sie zu trösten. Denn die Liebe raubet uns manchmal uns
selbst, um uns zu dem Gegenstand hinzubringen,
den wir lieben.

Wir müssen uns, so sagt er zu ihr, den
Verordnungen der Vorsehung Gottes unterwer-
fen und die Neigungen unsers Herzens nach seinem göttlichen Willen bequemen, welcher in sei-

G 2

nen

nen Wirkungen den Menschen undurchdringliche
Geheimnisse verschließt. Alles, was wir in der
Welt Uebel nennen, ist nur dem Anscheine nach
und nur alleine in unserer Meynung übel, es
sind so viele Güter in Absicht auf Gott, der auf
eine Art handelt, die wir nicht begreifen. Wozu
dienen unsere Thränen, welche Vortheile werden
die Todten davon ziehen? sie sind ihnen aller=
dings unnütze. Wenn unsere Klagen und Seuf=
zer jenes traurige Urtheil der göttlichen Gerech=
tigkeit wiederrufen könnten, gerne würd' ich mich
zu unaufhörlichen Thränen verdammen, ich würde
sagen: Laß uns unser Leben in der Bitterkeit
unserer Wehklagen hinbringen. Aber wenn das
eine eitle Hofnung ist; warum sollen wir zu un=
serm alten Elende neue Quaalen hinzufügen?
Wohlan mein Gott, wenn du mich durch den
Tod des Gerechtesten meiner Kinder erkennen
lässest, du wollest von mir die Fortpflanzung des
menschlichen Geschlechtes nicht, so versprech' ich
dir, daß ich nichts mehr mit Even zu schaffen
haben wolle. Ich will, o Herr, wenn ich meine
Versprechen nicht erfülle, der Gegenstand deines
Unwillens werden und nicht mehr soll ich die
Gottheit deines Wesens glauben, wenn du nicht
die schröcklichsten Blitze deines Grimmes auf mich
herschleuderst. Alsogleich bestättigte Eve durch
einen Eid diesen Willen Adams, Thränen waren

gleichsam ihre Nahrung, und täglich beweinten
beyde den Verlust, den sie gelitten hatten. Es
giebt keinen Schmerz, der nicht einiges Trostes
empfänglich wäre, aber jener, welcher durch den
Tod der Kinder verursachet wird, bringt die Geduld der Väter und Mütter aufs äußerste, er
ist der unerträglichste unter allem. Wer ein Kind
verliert, leidet einen größern Verlust, als wenn
er einen Theil seiner selbst verlöre; weil er von
Tage zu Tage in sich selbst stirbt, anstatt daß
sein Leben sich in jenem seiner Kinder erneuert
und sich durch dasselbe der Unsterblichkeit nähert.

Adam und Eve lebten mehrere Jahre in
der Betrübniß und Enthaltsamkeit; indem sie
den Schmerzen eines so großen Verlustes ihre
zärtlichsten Neigungen aufopferten; bis ein Bote
des Himmels ihnen von Seiten Gottes folgende
Nachricht hinterbrachte.

Es ist nun einmal Zeit, so sprach er zu ihnen, eure Zähren abzutroknen, die beständige Betrübniß ist Gott mißfällig, er will, ihr sollet in
den verdrüßlichsten Zufällen eures Lebens euren
Willen nach dem seinigen bilden. Tröstet euch,
seine göttliche Majestät will euch in der Person
eines andern Sohnes das wieder geben, was ihr
im Tode Abels beweinet. Dieser Sohn wird euch

G 3   eine

eine Nachkommenschaft gewähren, die euch an
demjenigen rächen soll, der die Ursache alles eures Elendes war. Aus ihm wird nach einigen
Jahrhunderten ein Gottmensch gebohren werden.
Fürchtet euch also nicht, zusammen zu leben, wie
ihr vorhin gethan habt; denn auf das Geheiß
und Ansehen der Majestät Gottes spreche ich
euch von eurem Eide los.

Mit tiefer Demuth dankten sie Gott, und
in kurzer Zeit empfieng Eve und kam in der Folge
mit einem Sohne nieder, den sie Seth nannten;
wodurch sie sagen wollte, die Barmherzigkeit
Gottes hat uns mit einem Sohne begnadiget, der
den Verlust Abels gut machen wird. Man kann
von der Sorgfalt, welche Adam bey seiner Erziehung anwendete, aus dem Erfolg urtheilen, den
dieselbe hatte. Denn Seth verdiente von allen
Völkern ein göttlicher Mann genannt zu werden;
weil er den Gestirnen den Namen gab und die
hebräischen Buchstaben erfand. Durch seine Fröm-
migkeit und Güte gewann er die Zuneigung von
allen. Er war das Beispiel der Nachkommen und
der Stolz seines Vaters und seiner Mutter.

Indessen hatten sich die Menschen dergestalt
vermehrt, daß sie gezwungen waren, sich von ein-
ander zu sondern, um neue Erdstriche zu bebauen,

da

da die, welche sie bisher bearbeitet hatten, nicht mehr hinreichend waren, sie hinlänglich mit Nahrung zu versehen.

Bey dieser Veranlassung geschah es nun, daß Adam von jenen Gaben Gebrauch machte, die er vom Himmel empfangen hatte. — Er machte Gesetze, durch die er das Gute lehrte und es zu vollziehen befahl: denn die Laster hatten dergestalt überhand genommen, daß es nothwendig geworden war, ihnen Schranken zu setzen. Da dieser weise Vater nicht vermögend war, wegen Entfernung der Orte, allenthalben den Unordnungen abzuhelfen, die unendlich zunahmen: so bediente er sich des Gesetzes, welches der Fürsten allzeit gegenwärtig machet, so entfernet er auch immer, seyn mag.

Es giebt ein natürliches und ein geschriebenes Gesetz; das natürliche Gesetz ist ein Gefühl, das mit der Vernunft gebohren wird, und das durch das Zeugniß des Gewissens die Unterscheidung vom Guten und Bösen verschaffet. Allein, ein so heiliges Gesetz wird entweder miskannt oder von treulosen Seelen verachtet, welche eine lasterhafte Gewohnheit verdorben hat. Deswegen ward es dann nothwendig, ein geschriebenes, göttliches und bürgerliches Gesetz zu geben, um der gesamm-

G 4

ten

ten menſchlichen Geſellſchaft zur Grundveſte zu
dienen.

Die Geſetze Adams hatten nur die Vereinigung und die Erhaltung der Völker, die Verbeſ-
ſerung und Leitung der Sitten zum Endzweck, und
ſollten die Unterthanen im Gehorſame und in der
Treue erhalten, welche ſie ihrem Fürſten ſchuldig
ſind, und ſie verbinden, Gott zu erkennen, und
ihm auf eine gottesdienſtliche Art zu dienen. Dieſer weiſe Geſetzgeber wollte keinesweges dem Rech-
te entſagen, welches die göttliche Majeſtät ihm
ertheilt hatte, über alle Geſchöpfe der Welt unbe-
ſchränkt zu herrſchen. Auf dieſe Weiſe behielt er
ſich das Recht bevor, die Geſetze zu ändern, zu
verbeſſern und zu erklären, je nachdem er es für
nöthig erachten würde. Er wußte wohl, daß alle
Kleider nicht für alle Alter, noch alle Speiſen für
alle Gattungen der Mägen anſtändig ſind. Der
Anfang, der Fortgang und die Abnahme der Krankheiten werden nie mit eben denſelben Mitteln behandelt, und eben ſo muß man auch die Geſetze
und Verordnungen nach den Zeiten und Umſtän-
den verändern.

Adam theilte ſeine erſtern Völker in ver-
ſchiedene Gemeinden ab, und gab einer jeden einen ſeiner Söhne zum Oberhaupte, ſowohl um

ſich

fichs leichter zu machen, als um dem Haupte sei=
ner Familie die Regierung zu befestigen: es ist
sich also nicht zu verwundern; wenn das Verlan=
gen zu gebiethen den größten Seelen natürlich ist,
weil es ein Uebel ist, welches mit dem ersten Men=
schen der Welt den Ursprung genommen hat.

Ob er schon die Regierung unter seine Söh=
ne getheilt hatte, so hatte er sich nichts destowe=
niger das höchste Ansehen vorbehalten, theils um
ihrer Ausgelassenheit Einhalt zu thun, theils um
zu erkennen zu geben, wie sehr er das Recht zu
regieren achte, welches das größte und erwünsch=
teste aus allen war, so er von Gott erhalten
hatte. Wer freiwillig der Regierung entsagt, er=
kläret sich hiedurch, entweder unfähig oder un=
würdig zu herrschen.

Gegen das Ende seiner Tage vernahm Adam
die Fortschritte seines ältesten Sohnes: er hatte
Nachricht, daß er sich gegen Osten zurückgezo=
gen habe, wo er eine Stadt erbauen ließ, die er
nach dem Namen seines Sohnes Enoch, Enoch
nannte. Diese Neuigkeit brachte ihm aber keine
Freude; denn er wußte wohl, daß die Lust Städte
zu bauen nur von einer äussersten Furchtsamkeit,
oder von einem übermäßigen Ehrgeize herrühren
könnte.

G 5   Er

Er wußte aus seiner eignen Erfahrung, wie gefährlich es sey, sich zu verbergen; er kannte das Naturel Kains, der gerne Tyranney ausübte, die Güter und Habe anderer raubte, und nur nach Blut und Mord begierig war. Er sah wohl ein, daß dieser gottlose Mensch sich nur deswegen eine Stadt erbauet habe, um Straßenräuber in Schutz zu nehmen und alle Arten von Verbrechen ungestraft zu verüben.

Alle diese Betrachtungen verursachten Adam tödtliche Unruhen, also, daß sein langes Leben nichts mehr als ein beständiger Tod war. Es härmete ihn zu sehen, daß die Laster nach dem Maaße zunahmen, wie die Zahl der Menschen sich vermehrte; daß er die Gerechtigkeit durch diejenigen selbst verachtet sehen mußte, welche die Beschützer derselben seyn sollten; daß die Rechtschaffenheit für nichts mehr als eine Idealtugend galt; und der Geiz, die erste Neigung der Menschen ward, und diese Unreinigkeit mit ihren schändlichsten Ehrlosigkeiten in aller Herzen regierte. Es ist zu vermuthen, daß diese Beobachtungen den Adam dahin gebracht haben, öfters mit ausserordentlichen Empfindungen von Gott zu begehren, daß es seiner göttlichen Güte gefallen möchte, ihn von der Welt hinweg zu nehmen,

die

die ihm nun ein Abgrund von Verderben und
Elend war.

Nachdem er sein siebentes Geschlecht gesehen hatte, und endlich fühlte, daß sein lezter Au-
genblick herannahe, in welchem er den Zoll ab-
tragen müsse, den wir alle der Natur schuldig
sind; ließ er alle seine Söhne und alle seine
Töchter, deren Zahl groß war, herbeirufen, und
unterrichtete sie in dem, was sie für den Dienst
Gottes und zum Heile ihrer Seelen zu thun
hätten.

Meine Kinder, so sprach er zu ihnen; ich
fühle, daß mein Ende herannaht. Diese weissen
Haare lehren mich, daß ich mich im Winter
meines Lebens befinde; diese zitternden Gliedmas-
sen, die sich nicht mehr halten können, sagen
mir, daß ich bald dahin fallen muß. Es ist eine
Wirkung meiner Sünde und des göttlichen Willens, welcher verordnet, daß alle Dinge zu ihrem
ersten Anfange zurückkehren. Zum Zeugniß meiner Zuneigung, die ich für euch habe, will ich
noch, ehe ich euch verlasse, euch allen den Unterricht
mittheilen, den ich für das Wohl eurer Leiber
und für das Heil eurer Seelen nothwendig halte.
Glaubet den Worten eines sterbenden Vaters,
der ohne einen andern Vortheil, ausser jenem,
euch

euch glücklich zu wiſſen, zu euch redet. Denket
daran, meine Kinder, dieß iſt mein erſter und
feurigſter Wunſch, daß ihr euern Gott, drey-
fach in Perſonen, und einzig in ſeinem Weſen mit innigſter Verehrung liebt. Eure Pflicht
und euer Vortheil verbinden euch hiezu. Der
iſt kein Menſch, oder verdient den Namen nicht,
der ſich ſträubet, alle Kräfte ſeiner Seele jenem
Gott zu heiligen, der ihn alle Tage mit zeit-
lichen und geiſtlichen Gütern überſchüttet, und
der mit eben der Gerechtigkeit, womit er das
Laſter ſtrafet, auch die Tugend belohnet. Wie
er ganz alleine eure Anbethungen verdient; ſo
will er auch nur alleine angebethet ſeyn. Nehmt
euch in Acht, meine Kinder! denn ich ſehe voraus, daß hierüber unendliches Unheil über meine
Nachkommenſchaft herkommen wird. Eine ver-
blendete Nachkommenſchaft wird ſich verirren,
und die eigenen Werke ihrer Hände anbethen.
Die Abgötterey, die ſich über die ganze Welt
verbreiten wird, wird die Donner Gottes zur
Strafe auffordern, und ſeine Barmherzigkeit
zwingen, eine unendliche Menge von Generazio-
nen der ſchärfeſten Strenge ſeiner Gerechtigkeit
aufzuopfern. Der Pracht, die Unreinigkeit und
die Wolluſt werden nicht weniger ſeines Zornes
Flamme anfachen, nicht nur allein um die ehr-
loſen Sünder zu beſtrafen, ſondern auch um
ihr

ihr Andenken zu vertilgen. Hütet euch, meine
Kinder, hütet euch vor dem Zorne, es ist eine
unbesonnene Leidenschaft, welche die Hand zwingt,
Blut, oft selbst Blut des Unschuldigen zu ver=
gießen. Ihr könnet es aus dem Beyspiel eures
Bruders Kain sehen, wie sehr die Menschenmör=
der der göttlichen Majestät verhaßt sind. So
verächtlich auch das Blut ist, das man vergießt,
so beflecket es doch immer die Hände, die es ver=
sprützen, der Todschlag ist so verfluchenswürdig,
daß er den, welcher tödtet, ja so gar die, welche
den Tod wünschen und die ihn verlangen, zu
Verbrechern machet. Nicht nur allein darf man
die Heerden nicht rauben, noch die Früchte der
Erde und überhaupt das, was einem andern zu=
gehört, es ist auch nicht einmal erlaubt, nach sel=
bem zu verlangen, denn hieraus entspringet der
Neid, diese verfluchte Schlange; welche die Ur=
sache vom Unglücke, des ganzen menschlichen Ge=
schlechtes gewesen. Traget Sorge, daß ihr den
Vergnügungen eurer Sinne nicht zuviel erlau=
bet; die Gefälligkeit, welche ihr für sie haben
werdet, wird euch unmerklich zur Sünde verlei=
ten. Die Sinne sind nur zu oft falsche Führer,
nachläßige Wächter und Tyrannen der Seele.
Sie zeugen den Stolz, das Erste und älteste un=
ter allen Lastern das es gewagt hatte sich bis an den
Himmel zu erheben. Sie lehren den Geiz, dieß

un=

unerſättliche Verlangen, welches Treue und Glauben bricht und die Thüre jeder Art von Unglück
eröffnet. Sie fachen die Flammen der Wolluſt
an, eine wüthende Leidenſchaft, welche die Vernunft verkehrt, und den Menſchen wider ſich ſelbſt
zum Rebellen machet; ſie lehren die Unmäßig-
keit des Mundes, welche tauſend Laſter mit ſich
in Ketten ſchleppet: denn dieſe reizet den Willen,
entzündet die Begierden der Liebe und des Zornes und macht ſich zur Mithelferin aller Laſter. Endlich, wer immer ſeinen Sinnen gehor-
chet, wird ein Feind Gottes, weil die Sinne, da
ſie nur ihr eigenes Vergnügen lieben und nur
ſich ſelbſt glauben, den Menſchen zum öfteſten
in Irrthum ſtürzen.

Meine Kinder, die Barmherzigkeit Gottes,
welche will, daß heilſame Warnungen vor den
Strafen vorhergehen, gebeut mir, zur Aufklä-
rung eurer Geiſter, euch die Unfälle anzukündi-
gen, die über euch kommen werden. Gott wird,
um eure Verbrechen zu ſtrafen, euch Kinder geben, welche die Geißeln des Himmels ſeyn werden. Die Erde wird ihre Abgründe eröffnen, das
Waſſer die höchſten Gebirge bedecken und die
Fiſche werden den Aufenthalt der Vögel einneh-
men. Das einzige Mittel, dieſes Unheil zu vermeiden, iſt, Gott lieben, ihm getreu dienen und
ſei-

feinen Gesetzen gehorchen. Unsinnige Völker!
warum beschäftiget ihr euch nicht mit Dingen,
die euch ein ewiges Glücke verdienen können? Ist
es denn eine so große Mühe, Werke der Barmherzigkeit auszuüben? Meine Kinder, fürchtet
Gott, besänftiget seinen Zorn, sonst ist euer Verderben gewiß und wird nicht lange verweilen.
Ziehet eure Kinder in der Furcht seiner göttlichen Majestät auf, vielleicht werdet ihr durch eure
Buße seine strenge Gerechtigkeit zurückhalten können.
Ich weis, daß meine Worte die Herzen, welche
dem Ehrgeize, den Vergnügungen, der Unreinigkeit, der Räuberey, den Todschlägen und Gotteslästerungen ergeben sind, nicht rühren werden,
allein das Herzeleid, welches euer Verlust mir
verursachet, verbindet mich, mit euch zu reden,
ob es schon ohne Frucht seyn wird. Was mich
noch tröstet, ist, daß, wenn meine Erinnerungen
nicht allen dienen, doch wenigstens aus allen einer davon Nutzen ziehen wird. Ich sehe in den
verborgensten Geheimnissen der göttlichen Vorsehung, daß aus dem Geschlechte dieses getreuen
Kindes ein Mägdchen werde gebohren werden,
welches, weil sie Mutter und Jungfrau zugleich
seyn wird, den Kopf der Schlange zerquetschen,
Gott der Welt geben und den gerechten Menschen die Pforte des Himmels eröfnen wird.

Adam

Adam wurde mit mehr Erſtannen, als Nutzen angehöret: denn alle ſeine Kinder, Seth ausgenommen, waren tauſend ſchrecklichen Laſtern ergeben. Man ſpottete ſeiner Vorherſagungen, weil man
nie das gerne glaubt, von dem man wünſcht,
daß es ſich nicht eräugnen möge. Und es iſt
die gewöhnliche Folge der Sünde, den Geiſt zu
verblenden und den Verſtand und die Vernunft
dem Menſchen zu rauben.

Adam vertraute insbeſondere dem Seth, der
allein ſeinen Segen verdiente, alles das an, was
vergangen war und was künftighin geſchehen ſoll,
wovon ihm Gott Kenntniß gegeben hatte. Er
ſagte ihm den Untergang ſeiner Nachkommenſchaft, die Geburt der ſeligſten Jungfrau Maria,
das Leiden und den Tod eines Gottes, die Er-
löſung der in der Vorhölle aufbehaltenen Seelen
und die Einſetzung des neuen Geſetzes im prophe-
tiſchen Geiſte vorher; er erinnerte ihn, ſeine Ab-
kömmlinge hievon zu unterrichten, und das Andenken davon auf zween Tafeln zu erhalten, deren eine dem Waſſer, die andere dem Feuer widerſtehen könnte, überhaupt aber, empfahl er ihm
niemals zu geſtatten, daß eines ſeiner Kinder ſich
mit jenen von dem Geſchlechte Kains in eine
Verbindung einlaſſen ſolle.

Die

Die Laſter der Väter gehen beynahe allzeit
in die Kinder über, und es würde ein großer
Vortheil für die Welt ſeyn, wenn die Gottlo-
ſen der Nachkommenſchaft beraubet wären. Die
Wolfswurzel und der Schierling wachſen nie
aus einer heilſamen Wurzel hervor und Schlangen zeugen nur Schlangen.

Nachdem Adam alſo zu einem Alter von
neunhundert und dreyßig Jahren gekommen war,
verließ er endlich, gebeugt vom Alter oder vielmehr von ſeiner eigenen Schwäche, dieſes ſterbliche
Leben und gab ſeinen Leib der Erde und ſeine
Seele ſeinem Schöpfer zurücke. Dieſe Seele
wurde in der Vorhölle bis an den Tag der glor-
reichen Urſtände des Welterlöſers aufbehalten,
welcher ſie mit ſamt den Seelen aller heiligen
Altväter mit ſich daraus wegnahm. Nach mehrerer
Gelehrten Meynung ſtarb Adam an einem Freytage
den vierten März, welches eben der Tag ſeiner
Erſchaffung war, um gleichſam anzuzeigen, daß
die Glückſeligkeit und das Elend in einem und
eben demſelben Zeitpunkte gebohren werden.

Er war von einem ſtarken heftigen Tempe-
ramente, das ſeiner Leibesgeſtalt angemeſſen war,
die etwas rieſenmäßiges hatte. Man kann nicht
anders glauben, als daß er in allen Theilen ſei-

nes Leibes wohl proporzionirt und sehr schön von
Angesicht gewesen sey, weil er von der Hand
Gottes selbst war gebildet worden. Er ward zu
Hebron in einem Grabmale von Marmor begra-
ben, in der Folge aber ward sein Körper auf den
Berg Kalvaria, gerade an den Orte gebracht, wo
Jesus Christus gestorben ist: welches die gött-
liche Vorsicht deswegen also ordnete, damit das
Blut eines Gottes die Asche eines Menschensün-
ders abwaschen sollte. Ein Beweis seiner unend-
lichen Liebe! seiner unendlichen Barmherzigkeit!
Ohne Zweifel kömmt es auch daher, daß unsre
Künstler zu den Füßen des gekreuzigten Christus,
einen Todtenkopf abbilden, der wohl vermuthlich
jenen des Adams vorstellen soll.

Die heilige Schrift erwähnt nicht, wie
lange Eva den Adam überlebt habe, vielleicht deßwegen, weil man den Tod derjenigen eben nicht
besonders anzuführen braucht, welche schon verdienet hätte zu sterben, ehe sie geschaffen wurde, weil sie die Ursache alles Elendes der Menschen ist. Es ist wahrscheinlich, daß sie hohen
Alters wegen und vor Schmerzen, Adam sterben
gesehen zu haben, gestorben ist: Gott ließ zu,
daß sie ihren Gatten überlebte, um durch das
Herzeleid, den liebsten Theil ihrer selbst zu verlieren, ihre Leiden zu vermehren.

Dieß

Dieß war also das Leben des ersten Men=
schen der Welt, des ersten Vaters und des ersten
Heiligen. Er besaß alle natürlichen und erwor=
benen Kenntniße vollkommen, er verstund alle Wis=
senschaften, er erfand alle Künste, er übertraf
alle Sterbliche an Weisheit und an vollkomme=
ner Kenntniß aller natürlichen Dinge, welche
er mehr durch ihre Grundursachen als durch ihre
Wirkungen kannte.

Er hatte seine Erniedrigung seiner ehemali=
gen Größe und all seinen nachherigen Zustand
seinem Falle zu verdanken. Er war nie unglück=
licher gewesen, als da er auf dem Gipfel der
Glückseligkeit sich befand, weil er sich dort nicht
zu halten wußte. Er sündigte, er wußte aber
auch Buße zu thun. Ich weis nicht, ob er sei=
ner Nachkommenschaft mehr Böses, oder Gutes
gethan habe: denn wenn er einer Seits über
die Menschen den Tod brachte, so hat er hinwie=
der, da er dadurch dem Worte Fleisch zu werden,
Gelegenheit gab, jenen höchsten Beweis von
Liebe und Barmherzigkeit veranlasset, denn je die
Gottheit den Menschen geben konnte.

Aus der Lebensgeschichte Adams kann man
lernen, wie sehr das Verfahren Gottes von je=
nen Zwecken und Bewegungsgründen unterschie=

den=

den ist, welche die Handlungen der Menschen
leiten. Der Mensch kann seines gleichen nicht
dulden: er möchte gerne an Reichthümern, an
Ansehen, an Ehren, an Adel und an der Tugend
allen vorgehen. Gott im Gegentheile, voll Güte
und unfähig des Neides, wollte den Menschen
beinahe sich selbsten gleich erschaffen: denn er
machte ihn in allem sich ähnlich, worinnen der-
selbe nur immer ihm ähnlich seyn konnte.

Weil der Mensch durch das Licht der Vernunft erleuchtet war; so unterwarf Gott seiner
Beherrschung alle Thiere der Erde; und lehrte
uns dadurch, daß die obern Kräfte des Menschen, der Verstand und die Vernunft, die allein
sein wahres Wesen ausmachen, über die untern
Kräfte und Begierden, d. i. über die sinnliche
Lust, die ihm mit den Thieren gemein ist, regieren sollen.

Lasset uns, ehe wir die Geschichte Adams
verlassen, noch einige wichtige Bemerkungen machen. Erstens lehret uns diese Geschichte, daß
große Glückseligkeit nie von langer Dauer ist. —
Sie gleicht den Blitzen, die nur einen Augen-
blick dauern, und desto schneller verschwinden,
je größer ihr Glanz gewesen war, — oder über-

haupt

häupt dem Lichte, das uns, wenn wir es entbehren müssen, nur die Finsterniß um desto auffallender macht. Adam hat diesen Wechsel im Paradiese erfahren, in einem Augenblicke sank er vom Throne bis ins Elend.

Zweitens lasset uns erwägen, daß die Wohlthaten der Natur, die Geschenke der göttlichen Gnade, die göttlichen Warnungen ja selbst die Gegenwart Gottes, kurz, alles unnütz ist, wenn einmal unser Wille sich entschlossen hat, dem Laster zu folgen. Denn dieses tyrannisirt alsdann unsere Vernunft, und macht alle andern Eindrücke und Regungen fruchtlos.

Lasset uns drittens bedenken, daß die größten Geister oft auch den größten Irrthümern unterworfen sind. Adam war der weiseste unter allen Menschen, und fiel doch in einen Fehler, der um so weniger zu entschuldigen ist, da es ihm so leicht gewesen wär, denselben zu vermeiden.

Lasset uns ferner aus Adams Geschichte lernen, daß wir uns nicht auf Reichthümer, auf Ehre, auf Würden, oder auf die Freundschaft der Großen verlassen dürfen, sondern daß nur allein die Tugend die Grundfeste unsers

H 3 Glücks

Glücks ausmachen muß. Nachdem Adam die
Sünde des Ungehorsams begangen hatte, fiel er
in den äußersten Jammer, und zog sich den Zorn
selbst des Gottes zu, der ihn doch nach seinem
Ebenbilde geschaffen hatte.

Endlich lernen wir, wie sehr das Vergehen
der Väter ihren Nachkommen nachtheilig ist ;
indem alle Jahrhunderte, bis an der Welt Ende,
alle Menschen die Strafe der Sünde des Adams
tragen müßen.

Ich

Ich glaube, die vorhergehende Schrift, das
Leben Adams, nicht schicklicher und nützlicher
beschließen zu können, als mit folgendem Gedichte
unter dem Titel: der sterbende Adam an seine Kinder und Nachkommenschaft. — Es
ist daſſelbe ein an die kurpfalzbaierische Akade-
mie eingesandtes Stück. *) Sein Verfaſſer hat
sich nur A. W. Rechtsgelehrter in Ingolstadt
unterzeichnet. Wenn ich mich nicht betrüge, so
ist es Hr. Adam Weishaupt, nachmaliger kur-
pfalzbaierischer Hofrath und Rechtslehrer an der
Universität zu Ingolstadt, und der Zeit Sachsen-
Gothaischer Hofrath. Ich habe dieſem Stücke
der dichterischen Laune meines akademischen Hrn.
Zeitgenoßen und Universitätsfreundes hier um so
lieber einen Platz eingeräumt, jemehr daſſelbe
nicht nur wegen Naivetät seiner Erfindung,
Schönheit der Gedanken und Feuer des poetischen
Ausdruckes sich jedem Kenner empfiehlt; sondern
auch weil es das Ganze, so in dem vorangehen-
den Werke des Hrn. Loredano weitläuftig enthalten ist, in kurzen Zügen wiederholet, und

H 4   nicht

*) Siehe Baierische Sammlungen und Aus-
züge zum Unterricht und Vergnügen. Zwei-
ter Jahrgang. Eilftes Monatstück. Im
Auguſtm. 1766.

nicht weniger dem Gedächtniſſe als der Einbildungskraft des Leſers das ganze Gemählde von
Adams Leben gleichſam mit lebendigen Farben
wieder vor Augen ſtellet. Ich hoffe, der be-
rühmte Herr Verfaſſer wird es nicht ungeneigt
aufnehmen, und vielmehr das jugendliche Produkt ſeines poetiſchen Genies mit Vergnügen er-
blicken; wenn dieſe Bogen etwa das Glück und
die Ehre haben ſollten, in ſeine Hände zu kommen.

Der

·Der·

sterbende Adam

an

seine Kinder und Nachkommenschaft.

Kinder! die Stunde des Tods eilt mit geflügel-
ten Tritten:
Gottes Gerichte liegen auf ihr, wie Meere ver-
breitet:
Ach! die schröckliche Stunde, die Frucht der er-
steren Sünde.
Heiß fühl ich sie in jedem der Glieder, wie
Abel sie fühlte:
Abel! Abel! mein Sohn: denn auch er war die
Bahne gegangen.
Dort schon wollte mein Geist, mein Geist, der
väterlich klagte,

H 5   Mit

Mit dem Leben des liebsten der Söhne sein Leben verhauchen.

Abel gieng mir zuvor: er gieng im Gefilde der
Unschuld.

Aber ich war nicht würdig dem Frömmsten der
Söhne zu folgen.

Er war Unschuld, ich bin ein Sünder: und
war er ein Sünder?

Leider! so war ers durch mich.   Jetzt folg ich
dir, schlummernde Seele!

Heut da ich morgens dem Schöpfer das neueste
Opfer vollbrachte,

Bebte die Erde, die Ceder rauschte und zitterte
furchtbar.

Schnell stieg der Engel des Todes zu mir, mich
schröckend, herunter.

Ihn sah ich nicht; denn mein Aug war dunkel;
doch hört ich die Stimme,

Ach, die Stimme des Todes, wie Donnerwetter
erklingen:

„Adam!

„ Adam! heut eh die Sonne die Cederwälder
hinabſteigt,

„ Wird dir die Erde zum Grabe, dein Schlummer
zu ewigem Schlummer.

Theure Geliebte! Du letzte und beſte der Schö‐
pfungen Gottes,

Eva! du weineſt? und mit dir weinen auch Kin‐
der voll Unſchuld:

Kinder, die noch kaum das Tageslicht, dem ich
entgehe, erblickten.

Ach, die Armen! ſie weinen, unwiſſend, was ſie
beweinen:

Doch auch ſie ſelber werden einſt fühlen, was
Adam jetzt fühlet.

Weinet nicht um mich, fluchet mir; durch mich
ſeid ihr verloren.

Als der Baum der Erkänntniß zur Luſt mir fürch‐
terlich rauſchte,

Damals lag Eden unter dem Fluch, den der
Schöpfer geſprochen,

Ach,

Ach, der schröckliche Fluch, auch der Kleinsten
der Schöpfungen fühlbar.

Jedes Geschöpfe, bis auf die Würmer, floh in
die Höhlen:

Und die Vögel der Luft verstummten am Gipfel
der Ceder:

Trauernd bebte die Welt, Meere tobten, die
Sonne ward dunkel.

Einzige Hoffnung, du Trost der Betrübten,
du Leben der Todten,

Dich hab ich noch, sey du mir mein Gut, und
und lindre den Tod mir.

Oft wenn die Zähre der Buße aus meinen Augen hervordrang,

(Gottes und Edens Verlust war meinem Herzen zu fühlbar.)

Tratst du zu mir, mein Aug' war zu Boden, mein
Herz voll Zerknirschung:

Gleich

Gleich durchströmte ein sanftes Entzücken die bebenden Glieder.

Hoffnung, dich fühlt ich, schnell hob ich mein Auge zum Vater und weinte:

„Vater, o ewige Güte! erhöre den weinenden Sünder,

„Der durch gählingen Fall zu deinem Feinde sich umschuff.

Gott ward bewegt: ein himmlischer Jüngling kam zu mir herunter.

Du, mein Geschlecht, erstaune darob, was der Himmlische sagte:

„Adam! Gott ist Güte. Der Ewige wird dir verzeihen,

„Wenn deine Sünde durch theures bluten des Bundes vertilgt ist.

„Gottes ewiger Sohn hat sich selbst zum Opfer erkieset,

„Dieser kömmt einst, wird Fleisch: und der ist der große Versöhner.

„Ihm

„Ihn wird eine der Jungfern, die niemals durch
dich gesündigt,

„Eine aus deinem Geschlechte, noch Jungfer zur
Erde gebähren.

„Aber wie wenig ist dieß! erstaun ob der Liebe
des Heilands,

„Wenn, vom Fluch dich zu retten, sogar sein Leben er hin giebt:

„Und dann als Sieger des Todes in Himmel
glorreich zurückzieht.

„Höre, dann werden die Pforten der Himmel sich
jauchzend eröffnen:

„Und dein verlornes Geschlecht vor Gottes Ant-
litz erscheinen.

Ewiger Gott! du Urbild der Welten, wer
kann dich begreifen,

Oder die mindeste deiner Vollkommenheiten ge-
denken.

Wäre

Wäre doch ietzt durch Adam der Welt Versöhner
         gebohren,

So gieng ich heute mit Freuden zum Schöpfer:
         und wollt er mir fluchen,

So spräch ich ihm: ich habe den Sohn Jehova
         gebohren.

Aber die Huld, die der Schöpfer den späteren
         Kindern bestimmet,

Hat nicht Gränzen für mich, denn ich bin der
         Gnade nicht würdig: —

Kinder, ist schon die Sonne die Cederwälder hin-
         unter?

Leider! ich sah sie nicht mehr: mein Auge wird
         dunkel, wie Nächte:

Und der Tod stürmt vollends auf mich: so war
         dort mein Abel,

Da er am Opferaltare in seinem Blute gestreckt
         lag.

Hin war das Feuer der Augen und Bläße ent-
         färbte die Wangen:

                      Er

Er war der Abel nicht mehr, der Gott die Erſt
linge brachte.

Eva! ich glaubte nicht ohne dich leben zu
können nun ſterb ich!
Nun werd ich von dir getrennt: wie ſchmerzt mich
die ſchröckliche Trennung.
Kann ich der heiligen Liebe, der Liebe voll Un
ſchuld vergeſſen,
Und des erſten Entzückens, das uns in Eden zu
ſamm gab?
Nun geh ich von dir, ach! — — hätt ich dich
noch im Leben verloren,
Hätte gleich Gott eine andere Eva aus Rippen
gebauet,
Sicher! ſie würde verſchmäht; denn mein Feuer
wäre mit ihr erloſchen:
Einſam hätt ich in Wäldern den Namen Eva
gerufen,

Und

Und sie hätten mit mir den Namen Eva gerufen.

Doch dich fänd ich nicht mehr, Gemahlinn, als
leider! im Grabe!

Dort dann würd' ich in deiner Umarmung das
Leben verhauchen. —

Schattichte Laube, wo wir uns öfter von Liebe
besprachen,

Rauschender Strom, der du das Erdreich schlän-
gelnd durchwässerst,

Steh, und rausche nicht mehr Entzücken: Töne
des Todes

Breiten sich über dich aus: die Wellen des Eu-
phrats und Tygris,

Wie sie tobten, als Gott den Fluch über Adam
gesprochen. —

Lebe, Geliebte, wir werden uns nicht mehr von
Liebe besprechen.

Erde, die meiner erwartet, nimm hin den
neuen Bewohner:

Aus

Aus dir ward ich, dir geb ich nun wieder, was
du mir gegeben.

Ihr, o Söhne, und alle, die einst mein
Grabe vorbeygehn,
Fluchet mir nicht; denn auch ihr müsst einstens
sterben, wie Adam.
Ja, nun fühl ichs, die Sonne ist schon die Ceder
hinunter!
Lebet dann wohl! — Abel ruft mich — ich komme —
nun habe ich gelebet!